Tove Nilsson

# ei

## Von Omelett bis Hollandaise: Techniken & Rezepte

CHRISTIAN

# Vorwort

**Ich mag Eier. Den Löffel in ein warmes gekochtes Ei mit cremig-flüssigem Eigelb und weichem, aber gleichzeitig festem Eiweiß zu tauchen, ist pure Glückseligkeit. Eier sind ein wichtiger Teil meines Lebens, auch wenn das komisch klingt. Zum Frühstück, Mittag- und Abendessen ist das Ei mein treuester Freund.**

Ich habe stundenlang mit Köchen über die beste Sauce béarnaise diskutiert – mit Zwiebeln oder nicht?

Oder die Sache mit dem Omelett: Wie oft bin ich nicht schon gefragt worden, wie ein wirklich gutes Omelett zubereitet wird. Liegt es an der Pfanne oder am Koch, wenn es misslingt? Und ein Soufflé, wie schwer ist das eigentlich wirklich? Das Thema Eier berührt die meisten Menschen, und so habe ich beschlossen, ein Buch über Eier zu schreiben.

Schließlich hat es etwas Magisches, dass loses, transparentes Eiweiß zu hochzeitsweißem Baiser aufgeschlagen werden kann – und Eigelb mithilfe eines guten Schneebesens und etwas Fett zur cremigsten Sauce der Welt.

Eier sind eine der wichtigsten Zutaten in der Küche und können für alles verwendet werden – vom Frühstück bis zum MIttag- und Abendessen, für Desserts und Cocktails. Man kann das Eiweiß, das Eigelb oder das ganze Ei in endlosen Variationen zubereiten.

Über Jahrzehnte, vielleicht Jahrhunderte haben sich berühmte Köche Eiergerichten gewidmet, an denen sie lange Zeit bis zur Perfektion getüftelt haben. Als eine Art Liebeserklärung an das Ei, als Paradegericht. Einige von ihnen sind genial, trotz einfacher Zubereitung und weniger Zutaten.

Chefkoch Jean-Georges aus New York servierte oder serviert noch immer in seinem Restaurant ein Rührei, das auch Köche in Erstaunen versetzte: ein schön geköpftes Ei, gefüllt mit Rührei, Schlagsahne und Kaviar.

Der dänische Koch René Redzepi hatte einige Zeit lang ein Signature Dish, bei dem der Gast selbst sein Ei am Tisch mithilfe von Heu, gusseiserner Pfanne und Kräutern braten konnte. Das Gericht hieß Huhn und Ei und wurde genau 3 ½ Minuten gebraten, um das ultimative Erlebnis zu bieten.

Im Restaurant Arzak in San Sebastián werden Eier serviert, die in einer Plastiktüte pochiert wurden, um ein perfektes rundes Ergebnis zu erzielen.

Das legendäre L'Arpège-Ei von Küchenchef Alain Passard gilt seit über 30 Jahren als das ultimative Eiergericht. Ein pochiertes Ei in der Schale, dazu ein Klecks Crème fraîche, Sherry-Essig und etwas Ahornsirup darauf. Das mag lächerlich einfach erscheinen, aber mit der falschen Zubereitung oder Temperatur kann das Gericht leicht so trostlos werden wie ein hart gekochtes Ei mit Schwefelgeschmack.

Eier können sowohl mit Fine-Dining-Touch als perfekt temperierter Eierschaum mit 63-Grad-Ei als auch als klassische Spiegeleier in einer Eckkneipe serviert werden. Eier sind so vielfältig.

Für dieses Buch wurden 4.200 Eier verbraucht, und in allen Gerichten spielt das Ei eine bedeutende Rolle. Kein Gericht ohne Ei.

# Technik

# Über das Ei

## Die Henne & das Ei

Die Anzahl der Eier, die eine Henne legt, hängt von der Rasse ab. Einige Hühner legen mehrere Eier pro Tag, während andere alle zwei oder drei Tage Eier legen. Je älter die Henne wird, desto weniger Eier legt sie. Normalerweise legt eine Henne etwa 200 Eier pro Jahr. Es dauert etwa 24 Stunden, bis ein Ei vollständig fertig ist, von der Eizelle bis zum runden weißen Ei mit Eiweiß, Eigelb und harter Schale. Unnmittelbar danach beginnt der Prozess im Eileiter erneut. Würde man ein Huhn in der Mitte durchschneiden (um ein anatomisches Bild der Eibildung zu erhalten), könnte man sehen, wie die Eibildung im Eileiter abläuft, wo eine Gruppe von Eiern in verschiedenen Stadien gebildet wird. Hennen können sowohl befruchtete als auch unbefruchtete Eier legen. Die Farbe der Eier unterscheidet sich je nach Rasse. Meist legen helle Hühner weiße Eier, aber einige Rassen legen auch hellblaue oder hellgrüne Eier.

## Wie lange halten sich Eier?

Eier können in der Speisekammer gelagert werden, um immer Eier mit Zimmertemperatur zur Hand zu haben, sie müssen nicht im Kühlschrank aufbewahrt werden. Allerdings erhöht sich die Haltbarkeit um fast einen Monat, wenn sie gekühlt gelagert werden. Das Haltbarkeitsdatum auf der Verpackung bezieht sich auf die Lagerung bei Zimmertemperatur.

Man kann einen einfachen Test durchführen, um zu überprüfen, wie frisch ein Ei ist. Wird das Ei in ein Glas mit Wasser gegeben, sinkt es auf den Boden, wenn es wirklich frisch ist. Im Inneren des Eis befindet sich eine Luftblase, die immer größer wird, je länger es gelagert wird. Wenn die Blase groß ist, schwimmt das Ei im Wasser, und man weiß, dass es nicht besonders frisch ist.

Sollten Sie einmal gekochte und ungekochte Eier durcheinandergebracht haben, können Sie das Ei auf einer ebenen Oberfläche drehen. Dreht es sich gleichmäßig, ist es gekocht, bei ungleichmäßiger Bewegung es ist roh. Man kann auch versuchen, das sich drehende Ei zu stoppen, indem man kurz den Finger darauflegt und schnell wieder loslässt. Wenn es sich dann weiterdreht, ist es ungekocht.

## Der Aufbau des Eis

Das Ei besteht aus dem Eigelb, dem Eiweiß und einer harten Kalkschale. Die Farbe des Eigelbs kann unterschiedlich sein, je nachdem, was die Henne gefressen hat. Bei Eiern vom Bauernhof ist es normalerweise schön gelb, da die Hühner im Hof herumgelaufen sind und Brennnesseln und Klee gefressen haben. Andere haben möglicherweise drinnen Mais oder anderes Kraftfutter gefressen. Haben im Handel angebotene Eier ein besonders gelbes Eigelb, das fast ins Orangefarbene geht, deutet das darauf hin, dass das Futter Carotin enthält. Das Eigelb enthält viele Nährstoffe, Mineralien und Vitamine. Es ist auch für das Fett im Ei verantwortlich. Deshalb bereiten Gesundheitsjunkies oft Eiweißomelett zu, da das Eiweiß nur aus Wasser und Protein besteht.

## Die Größe des Eis

Manchmal sind gekochte Eier härter als beabsichtigt und manchmal weicher. Das wird von mehreren Faktoren beeinflusst. Natürlich unter anderem durch die Größe des Eis.

Im Handel angebotene Eier sind nach Größe sortiert: XL (etwa 73 g), L (etwa 63-73 g), M (etwa 53-63 g) und S (etwa 43-53 g).

Die kleinen Eier werden von Junghennen gelegt, während die größten von älteren Hennen gelegt werden. Die größten Eier haben etwas dünnere Schalen, während die Schalen der kleineren dicker sind, da alle Hühner die gleiche Menge Kalk für ihre Eier verwenden.

Junghennen können Eier mit mehreren Eigelben legen, was auf Unreife in der Eierbildung zurückzuführen ist. Es entwickeln sich einfach zwei Eigelbe gleichzeitig.

# Gekochtes Ei

**Eier kochen**
Es mag wie die einfachste Sache der Welt klingen. Aber das perfekte Ei zu kochen ist wirklich nichts, was man einfach mal so macht. Es ist eine Kunst, ein hart gekochtes Ei ohne grüne Schwefelverfärbung und zu trockenem Eigelb zuzubereiten, oder das ultimative »Œuf Mollet« - so nennt man im Französischen ein weich gekochtes Ei mit festem Eiweiß und flüssigem, cremigem Eigelb.

Es fühlt sich oft wie ein Glücksspiel an. Manchmal hat man Glück und das Frühstücksei gelingt, am nächsten Tag aber wird es nicht genauso gut, und statt des Highlights wird das Ei zur Enttäuschung des Tages. Diese Kinderei-Überraschung könnte man ja als kleine Herausforderung sehen, aber wenn man sein Ei perfekt haben will, sollte man einige Regeln befolgen.

Das Wichtigste - ein Ei sollte NIEMALS in sprudelnd kochendem Wasser zubereitet werden, sondern nur leicht köchelndem. Die hohe Temperatur des kochenden Wassers verleiht dem Eiweiß eine gummiartige Konsistenz, was man aber anstrebt, ist ein samtweiches Eiweiß um ein ideales Eigelb herum. Haben Sie sich jemals gefragt, warum das Eigelb eine grüne Haut und einen etwas schwefelartigen Geschmack bekommen hat? Das liegt an zu hoher Temperatur und einer zu langen Garzeit. Man sollte sich also davor hüten, hart gekochte Eier zu lange kochen zu lassen, sondern sie rechtzeitig herausnehmen, um ein hartes Eigelb mit samtweichem, festem Eiweiß zu erhalten.

Die Eier in kaltes oder kochendes Wasser legen? Ich habe die meisten Varianten getestet und meine Lieblingskochart gefunden, um ein gleichmäßiges Ergebnis zu erhalten. Der Trick besteht darin, die Eier in leicht kochendes Wasser (nicht sprudelnd) zu tauchen. Dann weiß man genau, wie lange das Ei im Wasser gelegen hat und kann die Zeit stoppen.

Die besten Ergebnisse erhält man mit zimmerwarmen Eiern. Wenn eiskalte Eier in heißes Wasser gelegt werden, besteht die Gefahr, dass die Schale zerspringt. Wenn ich kühlschrankkalte Eier habe, tauche ich sie für 3–5 Minuten in warmes Wasser aus dem Wasserhahn, um sie zu erwärmen, bevor ich sie in das heiße Wasser gebe.

Wie gesagt, es gibt viele verschiedene Möglichkeiten. Das Ei schnell aufzukochen und es dann vom Herd zu nehmen, wird seit vielen Jahren diskutiert. Das Ei wird bei dieser Zubereitungsvariante in einen Topf mit kaltem Wasser gegeben, das aufgekocht wird. Der Topf wird vom Herd genommen, mit einem Deckel zugedeckt und das Ei 3–15 Minuten stehen gelassen, je nachdem, wie hart gekocht man es haben möchte. Es lohnt sich vielleicht, das zu testen, aber für beste Ergebnisse sollte man erstere Methode wählen, finde ich.

**Eier pellen**
Wenn ein gekochtes Ei schwer zu pellen ist, liegt das daran, dass es zu frisch ist. Denken Sie daran, wenn Sie beispielsweise die Eier für das Osterbuffet vorbereiten. Das Pellen wird leichter, wenn man das Ei sofort nach dem Kochen abkühlt.

Es gibt viele Tipps und Tricks, die das Pellen von Eiern erleichtern sollen. Manche sagen, dass Backpulver im Wasser den pH-Wert erhöht und dies das Pellen erleichtert. Andere rollen das angeschlagene Ei auf einer harten Unterlage, was tatsächlich dazu führt, dass die Schale sich ziemlich leicht ablöst. Dann gibt es auch noch den etwas mühsameren Trick, das Ei in ein Glas mit kaltem Wasser zu geben und das Glas wie verrückt zu schütteln - so löst sich die Eierschale vollständig. Aber wer hat schon Zeit und Lust, das morgens tun, um sein Frühstücksei zu bekommen?

# 3- bis 11-Minuten-Eier

**3 Minuten**
Eiweiß und Eigelb sind flüssig. Ein 3-Minuten-Ei kann für Emulsionen verwendet werden, die besonders cremig sein sollen.

**4 Minuten**
Das Eiweiß ist etwas fester, aber immer noch flüssig, ebenso wie das Eigelb. Ein 4-Minuten-Ei kann zum Beispiel unter Nudeln gemischt werden, um eine cremige Konsistenz zu erzeugen.

**5 Minuten**
Das Eiweiß beginnt fest zu werden, das Eigelb ist immer noch flüssig. Das ultimative Ei für Boiled Eggs & Soldiers (siehe Seite 55) für das Eintauchen von Brotstangen in das gekochte Ei.

**6 Minuten**
Das Eiweiß ist fest, das Eigelb flüssig mit einem cremigen Ring rundherum. Für viele das beste Frühstücksei.

**7 Minuten**
Das Eiweiß ist fest, das Eigelb cremig-flüssig. Ein Mittelweg für diejenigen, die möchten, dass das Eiweiß wirklich fest ist und dass das Eigelb sich nicht roh anfühlt.

**8 Minuten**
Das Eiweiß ist fest, das Eigelb fest, aber cremig. Das perfekte hart gekochte Ei mit festem Eigelb, das nicht »mehlig« ist.

**9 Minuten**
Das Eiweiß ist fest, das Eigelb ist fest und beginnt ins Hellgelbe überzugehen. Gute Kochzeit für Eiersalat oder gehacktes Ei für Heringssalat.

**10 Minuten**
Fast hart gekocht mit fast völlig hellgelbem Eigelb.

**11 Minuten**
Hart gekocht mit hellgelbem Eigelb. Kocht man das Ei länger, wird das Eigelb immer mehliger und trockener.

9min
8min
7min
6min
5min
4min
3min

# Spiegelei

## Eier braten

Spiegeleier können entweder auf einer Seite gebraten werden - »sunny side up« - oder auf beiden Seiten, entweder mit flüssigem Eigelb - »over easy« - oder mit festem. Das ist Geschmackssache.

Nach klassischer französischer Art soll das Ei gebraten werden, ohne Farbe oder Blasen zu bekommen. Es sollte komplett weiß sein, das Eiweiß sollte gestockt und das Eigelb flüssig und glänzend gelb sein. Das Ei muss bei niedriger Temperatur gebraten werden, und damit es zusammenhält, ohne in der Pfanne zu zerfließen, ist es wichtig, dass es frisch ist. Das Eiweiß behält eine glatte und weiche Textur, erhält aber aufgrund der geringen Wärme keinen Geschmack nach gebräunter Butter. Wenn Sie absolut sicher sein wollen, können Sie Butterschmalz oder neutrales Raps- oder Sonnenblumenöl verwenden, um zu verhindern, dass das Ei eine goldbraune Farbe erhält oder nach Nussbutter schmeckt.

Dann gibt es das in Butter gebratene Spiegelei mit leicht goldbrauner Farbe am Eiweiß und flüssigem oder festem Eigelb - es schmeckt besonders gut mit Butter und einer Creme aus geräuchertem Dorschrogen (in Schweden als »Kalles Kaviar« bekannt und beliebt) auf Knäckebrot. Viele Leute mögen das in Butter gebratene Spiegelei, bei dem das Eiweiß leicht knusprig und goldbraun ist, wegen des Konsistenzunterschieds zwischen dem Eiweiß und dem Eigelb.

Japanische und asiatische Spiegeleier sind etwas mehr hardcore. Die Pfanne ist richtig heiß, sodass das Ei fast hochspringt, wenn es auf das heiße Öl trifft. Das Ei wird an den Rändern fast frittiert und erhält ein blasiges und knuspriges goldbraunes Eiweiß. Japanische Spiegeleier eignen sich gut für Nudelgerichte, zerkleinert in Salat oder auf einem Bibimbap.

## Bratpfanne

Unglaublich wichtig beim Zubereiten von Spiegeleiern, Omelett oder Rührei ist die Pfanne. Das proteinreiche Ei kann sich entweder in ein gelungenes Omelett verwandeln, das sanft aus der Pfanne rutscht, oder in eine Katastrophe, bei der das Ei an der Pfanne kleben bleibt und man die Masse auf den Teller kratzen muss.

Viele Köche haben eine spezielle Eierpfanne, die für nichts anderes als für Eier verwendet werden darf und eine natürliche, in das Material eingearbeitete Fettbeschichtung hat. Im Gegensatz zu einer Pfanne, in der zum Beispiel Fleisch angebraten wird und die anschließend mit Stahlwolle bearbeitet werden muss, wird sie nie überhitzt, sodass die natürliche Fettschicht in der Pfanne erhalten bleibt.

Am besten verwenden Sie eine klassische französische Bratpfanne mit etwas höherem Rand, entweder aus Gusseisen oder mit einer Beschichtung. Das Gusseisen muss mehrmals eingebrannt werden, um eine gute Oberfläche und eine natürliche Fettbeschichtung aufzubauen. Wenn man dann die Pfanne pflegt und nur Eier darin brät, ist sie ein Traum für alle Omelettfreunde. Ansonsten funktioniert auch eine beschichtete Bratpfanne, was es einfacher macht, da diese Pfanne immer einen Schutz vor dem Anhaften bietet. Es ist jedoch wichtig, eine Bratpfanne mit Beschichtung niemals zu überhitzen, da sie dann zerstört wird und ihre Funktion verliert.

Ich verwende in der Regel eine beschichtete französische Pfanne für Omeletts und Rührei, und natürlich habe ich eine spezielle Eierpfanne. Die Beschichtung in der Pfanne mag von Old-school-Köchen vielleicht als fauler Kompromiss angesehen werden, aber um sicher zu sein, dass meine Eiergerichte immer gelingen, schlucke ich meinen Stolz herunter und gehe auf Nummer sicher.

# Klassisches französisches Spiegelei

Butter oder neutrales Rapsöl · Ei · Salz · frisch gemahlener schwarzer Pfeffer

1 Die Butter in einer Pfanne bei mittlerer Temperatur schmelzen. Das Ei in die Pfanne schlagen. Die Temperatur senken.
2 Das Ei bei niedriger Temperatur in der Pfanne braten lassen, bis das Eiweiß fest geworden ist, aber noch eine leicht schlotzige Oberfläche hat.
3 Salzen und pfeffern.
4 Nun das Ei herausnehmen oder wenden. In diesem Fall etwa 1 Minute auf der anderen Seite braten lassen.
5 Fertig! Ein klassisches beidseitig gebratenes französisches Ei sollte keine gebräunte Oberfläche haben. Es sollte komplett weiß sein, ohne gebräunte Oberfläche oder Blasen im Eiweiß.

# In Butter gebratenes Spiegelei

1 Butter in einer mittelheißen Pfanne schmelzen lassen, bis sie kleine Blasen wirft und leicht gebräunt ist. Das Ei in die Pfanne schlagen und braten, bis das Eiweiß gestockt ist, aber immer noch eine leicht wabbelige Oberfläche hat.

2 Fertig! Ein Butterspiegelei sollte eine goldbraune Unterseite haben und nach gebräunter Butter schmecken.

# Knusprig gebratenes Spiegelei

neutrales Raps- oder Sonnenblumenöl · Eier · Salz

1 Eine Pfanne erhitzen und etwa 2 EL Öl hineingießen.
2 Das Ei in die heiße Pfanne aufschlagen. Das Ei sollte durch die Temperatur fast hochspringen und anfangen, Blasen zu werfen.
3 Braten, bis das Eiweiß fest geworden ist und eine knusprige goldbraune Unterseite hat.
4 Fertig! Ein bei hoher Temperatur knusprig gebratenes Spiegelei.

# Pochiertes Ei

**Eier pochieren**
Viele Leute glauben, dass das Pochieren von Eiern schwierig ist, und das es kann auch sein, wenn man die falsche Methode anwendet. So versuchen viele, einen Wirbel in kochendem Wasser zu erzeugen, in dessen Mitte das Ei landen soll, um so eine schöne Form mit geschlossenem Eiweiß zu erhalten. Das führt oft zu misslungenen Eiern, bei denen sich das Eiweiß vom Eigelb trennt. Das Ei bekommt keine weiße, feste und runde Form, stattdessen treten durch das Eiweiß weiße und gelbe Fäden aus - kein so gutes Ergebnis.

Das Wichtigste ist, frische Eier zu verwenden. Wenn Sie keine so frischen Eier haben, können Sie das Ei abseihen, indem Sie es in einen Schaumlöffel aufschlagen und das flüssigste Eiweiß ablaufen lassen, sodass nur das festere Eiweiß übrig bleibt. Aber trotzdem funktioniert es am besten mit frischen und am besten kühlschrankkalten Eiern.

Das Wasser sollte mit einem kleinen Spritzer Essig köcheln, damit sich das Ei so schnell wie möglich schließt, wenn es auf die Säure reagiert. Wenn Sie zu viel Essig verwenden, besteht die Gefahr, dass Eiweiß eine gummiartige Konsistenz bekommt. Wenn Sie viele Leute zum Brunch eingeladen haben und planen, sie mit 15 Eiern Benedict (siehe Seite 56) zu überraschen, können Sie nach der »Rookie«-Methode ein Essigbad verwenden, ehe Sie die Eier in das köchelnde Wasser gleiten lassen. Sie laufen zwar Gefahr, dass das Eiweiß etwas fester wird und vielleicht nicht so weich wie bei einem klassischen pochierten Ei, aber dafür können Sie mit Sicherheit 15 Eier gleichzeitig pochieren und müssen sie nicht nach und nach servieren.

Ebenso werden Wachteleier pochiert. Wenn die Eier in die saure Flüssigkeit gesenkt werden, bekommen sie einen leichten Schock und schließen sich. Wenn sie dann im heißen Wasser landen, sind sie bereits geformt und bilden runde pochierte Eier. Man muss vielleicht leichte Abstriche bei der Konsistenz machen, erhält aber dafür hübsche Eier, ohne vor Nervosität ins Schwitzen zu geraten, wenn Gäste kommen.

Pochierte Eier können einen Tag im Voraus zubereitet und im Kühlschrank aufbewahrt werden, wenn man viele Brunch- oder Frühstücksgäste hat. Anschließend werden sie erneut erwärmt, indem sie schnell für maximal 30 Sekunden in kochendes Wasser getaucht werden.

**Œufs en meurette**
In Rotwein pochiertes Ei ist ein französischer Klassiker und gehört zu den schmackhaftesten Gerichten aus der Welt der pochierten Eier. Das Ei wird in einer Rotweinsauce mit Gemüse pochiert und zusammen mit Schweinebauch, Pilzen und Zwiebeln serviert. Wie ein Bœuf Bourguignon mit Eiern anstelle von Fleisch.

**Pochiert, verloren oder halb verloren**
Pochierte und verlorene Eier sind eigentlich dasselbe. Halb verloren bedeutet hingegen, dass das Eigelb aus dem Eiweiß hervorlugt. Halb verlorene Eier bereitet man am besten in einer Pfanne mit Wasser, Essig und Salz zu. Die Eier werden direkt in der Pfanne aufgeschlagen und dann gekocht, bis das Eiweiß fest und das Eigelb noch etwas flüssig ist.

# Die klassische Methode

Haushaltsessig · Salz · Ei · Eiswasser

1 Einen Topf mit mindestens 1 l Wasser zum Kochen bringen. 1 EL Essig und ½ EL Salz pro Liter Wasser hinzufügen.

2 Die Temperatur senken, damit das Wasser nur köchelt. Jeweils ein Ei nach dem anderen in eine kleine Schüssel aufschlagen. Das Ei vorsichtig in das köchelnde Wasser gleiten lassen. Man kann mehrere Eier auf einmal pochieren. Dazu die Eier eins nach dem anderen aufschlagen und ins Wasser geben und sich die Reihenfolge merken.

3 Nach genau 3 Minuten sind die Eier fertig und haben außen rundherum ein festes, aber zartes Eiweiß und innen ein flüssiges Eigelb. Mit einem Schaumlöffel herausholen und in Eiswasser legen, um den Kochvorgang zu stoppen. Wenn nötig, lose Eiweißreste abschneiden, um ein runderes Ei zu erhalten. Fertig!

# Die sichere »Rookie«-Methode

Haushaltsessig · Wasser · Salz · Eier

1 1 Teil Essig und 1 Teil Wasser in einer Schüssel mischen – 250 ml Flüssigkeit für 4 Eier. Salzwasser zum Kochen bringen, ½ EL Salz pro Liter Wasser verwenden.

2 Ein Ei nach dem anderen im Abstand von etwa 30 Sekunden in das Essigwasser aufschlagen, damit die Eier Zeit haben, auf die Säure zu reagieren. 5 Minuten stehen lassen.

3 Die Eier zusammen mit dem Essigwasser in das kochende Wasser gleiten lassen.

4 Das Wasser sollte nun köcheln, gegebenenfalls die Temperatur senken. Genau 3 Minuten köcheln lassen und in der Zwischenzeit Eiswasser vorbereiten.

5 Ein Ei nach dem anderen mit einem Schaumlöffel herausnehmen und in das Eiswasser legen, um den Garvorgang zu stoppen. Fertig!

# Pochierte Wachteleier

Haushaltsessig · Wasser · Wachteleier · Salz

1 1 Teil Essig und 1 Teil Wasser in einer Schüssel mischen – 250 ml Flüssigkeit für 8 Wachteleier. Die Wachteleier mit einem kleinen Obstmesser einstechen, um die Schale zu öffnen.
2 Salzwasser in einem Topf zum Kochen bringen. Die Eier in das Essigwasser aufschlagen, jeweils ein Ei nach dem anderen im Abstand von etwa 15 Sekunden, damit die Eier Zeit haben, auf die Säure zu reagieren. Es können bis zu 12 Eier gleichzeitig pochiert werden. 5 Minuten stehen lassen.
3 Die Eier und das Essigwasser in das kochende Salzwasser geben.
4 Das Wasser sollte nur köcheln. Wenn es kocht, besteht die Gefahr, dass die Eier aufbrechen!
5 Die Eier 1 Minute köcheln lassen. Dann sofort mit einem Schaumlöffel herausholen und in eiskaltes Wasser legen. Fertig! Pochierte Wachteleier mit flüssigem Eigelb.

# Rührei

## Rührei zubereiten

Das Langweiligste, was es gibt, ist Rührei mit trockener, körniger oder schwammiger Konsistenz. Ein Albtraum ist Rührei, das zugedeckt seit Ewigkeiten auf einem Frühstücksbuffet vor sich hin gedampft hat. Es gibt einen Grund, warum es Rührei und nicht Omelett heißt – es sollte cremig gerührt und weich sein.

Es gibt verschiedene Arten der Zubereitung. Entweder brät man das Rührei in der Pfanne, sodass es »flockig« wird, oder man bereitet es gerührt, fast wie eine glatte Creme, über einem Wasserbad (»Bain-Marie« im französischen Küchenjargon) zu. Es ist auch möglich, es bei niedriger Temperatur in einem Topf zu verquirlen, wenn man nicht die Energie für ein Wasserbad hat. Beide Varianten sind wirklich lecker und können auf unterschiedliche Weise verwendet werden. Das flockige Rührei passt gut auf ein Sandwich, weil es nicht so flüssig ist wie das über dem Wasserbad zubereitete, das sich wiederum gut servieren lässt wie es ist, vielleicht mit etwas frisch geriebenem Trüffel oder Parmesan.

Sie können Rührei sowohl mit als auch ohne Sahne zubereiten. Ich finde, es wird besonders lecker und cremig mit einem kleinen Schuss Sahne zusätzlich zur Butter.

Bei beiden Varianten sollte man auf eine niedrige Temperatur achten, damit die Eier nicht zu schnell fest werden. Rührei sollte sofort serviert und immer à la Minute zubereitet werden – dann ist es beim Servieren noch heiß und cremig!

## Trüffel-Rührei

Ein Ei hat etwa 10.000 kleine Poren in der Schale. Durch diese »atmet« das Ei, und wenn es in der Nähe von etwas liegt, das einen starken Duft abgibt, nimmt das Ei diesen Geschmack an. Vermeiden Sie daher die Lagerung von Eiern in der Nähe von Lebensmitteln mit starkem Aroma. Die Ausnahme ist natürlich, wenn Sie genau diesen Effekt erzielen möchten und das Ei den Geschmack eines bestimmten Lebensmittels annehmen soll. So kann man Eier für ein paar Tage zusammen mit frischen Trüffeln in einen Behälter legen.

## Dukkha

Vielleicht das leckerste Eier-Topping der Welt. *30 g geröstete Sesamsamen* mit *50 g gerösteten Haselnüssen, ½ EL geröstetem ganzem Kreuzkümmel, ½ EL gerösteten ganzen Fenchelsamen* und *½ EL gerösteten Koriandersamen* in einem Mixer oder Mörser mischen, bis sie die Konsistenz von Streuseln haben. Über Eier, Avocado-Sandwich, Suppen, Pasta streuen – ja, mit Dukkha wird alles lecker.

## Was passt noch zu Rührei?

Dill · gereifter Käse · Sesam · Trüffel · Parmesan · Ziegenkäse · Kreuzkümmel und Tabasco · karamellisierte Zwiebeln · Curry · Jalapeño · Chilischote und frischer Koriander · gehackte frische Kräuter · Schnittlauch und Meerrettich.

# Rührei aus der Pfanne

**2 Portionen**

4 Eier · 3 EL flüssige Sahne · 30 g Butter · Salz · frisch gemahlener schwarzer Pfeffer

1. Die Eier und die Sahne verquirlen. Die Masse muss nicht vollständig glatt sein.
2. Eine Pfanne auf mittlere Temperatur erhitzen und die Butter schmelzen.
3. Die Eimasse hineingießen. Langsam bei niedriger Temperatur zu einem Rührei mit großen flockigen Stücken rühren. Wenn das Rührei noch cremig und flockig ist, ist es langsam fertig. Es ist wichtig, dass es nicht zu lange in der Pfanne ist und trocken wird.
4. Das Rührei auf einen Teller geben, wenn es noch locker und cremig ist. Mit Salz und Pfeffer würzen.

# Rührei über dem Wasserbad

**2 Portionen**

4 Eier · 3 EL flüssige Sahne · 50 g Butter · Salz · frisch gemahlener schwarzer Pfeffer

1. Wasser in einem Topf zum Kochen bringen und eine Edelstahlschüssel oder Glasschüssel in den Topf hängen. Die Eier darin aufschlagen und die Sahne hinzufügen.
2. Bei niedriger Temperatur zu einer cremigen Masse rühren. Das dauert eine Weile.
3. Die Butter hineingeben, wenn das Rührei fast fertig ist. Salzen.
4. Das Rührei ist fertig, wenn es noch cremig und fast flüssig ist.
5. Auf einen Teller geben und einen Klecks Butter darauf zerlassen. Nach Belieben mit Salz und Pfeffer würzen.

# Omelett

## Ein Omelett zubereiten

Ein Omelett zuzubereiten, ist hohe Kunst. Es braucht Übung, eine gute Pfanne und ein Gefühl dafür, wann die Masse in der Pfanne perfekt ist, fast auf die Sekunde. Die Franzosen haben schöne Ausdrücke für fast alles, wenn es um Perfektion in der Küche geht, und wenn ein Omelett perfekt gebraten und innen cremig ist, wird das *mœlleuse* genannt. Das ist genau das, was man anstrebt, denn ein Omelett darf NIEMALS trocken und schwammig sein.

Es gibt verschiedene Arten von Omelett. Klassisches französisches Omelett, geformt wie eine kleine ovale Rolle nach dreifachem Falten in der Pfanne mit cremigem Inneren, das beim Einstechen des Messers herausrinnt. Die Oberfläche ist glatt und hell - keinesfalls ist sie durch die Temperatur in der Pfanne knusprig gebräunt. Das Omelett sollte weich und cremig sein. Man bereitet im Grunde zunächst in der Pfanne ein cremiges Rührei zu und brät dieses dann zu einem Omelett. Die Kunst besteht in der richtigen Technik beim Zusammenklappen des Omeletts in der Pfanne. Da ist es gut, eine Bratpfanne mit einem leicht abgeflachten hohen Rand zu haben.

Dann gibt es das französische Bauernomelett, das wie ein Halbmond in der Pfanne gefaltet wird und eine schöne goldbraune Oberfläche und einen Geschmack von gebräunter Butter hat. Im Gegensatz zum klassischen französischen Omelett werden die Eier hier etwas vorsichtiger verrührt, damit sie große Flocken bilden. Wasser im Teig? Nein. Nur Eier. Keine Sahne, keine Milch, keine Crème fraîche und kein Wasser. Die Flüssigkeit macht das Omelett zu fluffig, und es verliert an Cremigkeit und viel von seiner festen feinen Konsistenz. Die Ausnahme ist Tamagoyaki - das japanische Omelett - mit Dashi, Soja, Mirin (süßer Reisewein) und Wasser.

Wir haben es also einerseits mit der kompromisslosen klassischen französischen Küche und andererseits mit der strengen, philosophischen und perfekten japanischen Schule zu tun. In einigen der besten Sushi-Küchen der Welt muss man die Kunst der Omelettzubereitung mehrere Jahre üben, ehe man die Ehre erhält, es für den Gast zuzubereiten. Die Omeletts werden ständig vom Sushi-Meister abgelehnt, und es braucht sowohl technisches Wissen als auch spirituelles und philosophisches Verständnis, um ein Shokunin zu werden - das japanische Wort für Handwerker/Meister. Die Herstellung eines Tamagoyaki erfordert einen versierten Koch - und die richtige Bratpfanne. Man braucht eine japanische quadratische Eierbratpfanne, eine Tamago-Pfanne und viel Geduld und Zeit. Das Omelett wird in dünnen Schichten gebraten und nach jeder Schicht gerollt, sodass sich schließlich ein rundes Paket mit vielen dünnen Omelettschichten bildet. Das Omelett kann in eine Nudelsuppe geschnitten oder auf ein Nigiri Sushi gelegt werden.

## Geklärte Butter

Geklärte Butter wird nicht so leicht braun wie normale Butter und kann daher eine Lösung sein, wenn Sie ein klassisches französisches Omelett ohne gebräunte Oberfläche zubereiten wollen. Wenn die Butter bei niedriger Temperatur schmilzt, trennt sich das milchfarbene Protein vom Fett und sinkt zu Boden. Gießen Sie das Fett in eine Schüssel und passen Sie auf, dass das weiße Protein im Topf zurückbleibt. Bewahren Sie das Butterschmalz im Kühlschrank auf.

# Klassisches französisches Omelett

**1 Omelett**

3 Eier · 1 EL Kräuter, fein gehackt, z. B. Kerbel, Petersilie oder Schnittlauch · 30 g Butter (am besten geklärte) · Salzflocken

1. Die Eier zu einer glatten Masse verquirlen.
2. Die Kräuter hinzufügen.
3. Eine Pfanne auf mittlere Temperatur erhitzen und die Butter schmelzen, ohne sie zu bräunen. Die Masse hineingießen, die Pfanne schnell schütteln und die Eimasse mit einem Spatel umrühren.
4. Die Pfanne ankippen, sodass die Masse nach unten fließt und eine dünne Schicht im oberen Teil der Pfanne zurücklässt. Soll das Omelett eine Füllung erhalten (Käse, Schinken, Pilze, Lachs, Garnelen), wird diese jetzt hineingegeben. Legen Sie nur wenig Füllung auf, dann wird es einfacher, ein schönes Omelett zu formen.
5. Den dünnen Teil über den unteren falten.
6. Mit dem Arm auf den Griff der Pfanne schlagen, damit das Omelett über den Rand »springt«.
7. Den Rand über den Rest des Omeletts falten und alles zu einem länglichen runden Omelett formen.
8. Das Omelett auf einen Teller kippen.
9. Fertig! Klassisches französisches Omelett mit goldgelber Oberfläche ohne gebräunte Stellen von der Butter oder der heißen Pfanne. Beim Schneiden in das Omelett sollte cremiges Rührei herauslaufen. Mit Kräutern und Salzflocken bestreut servieren.

# Französisches Bauernomelett

**1 Omelett**

3 Eier · 30 g Butter · Salzflocken · frisch gemahlener schwarzer Pfeffer

1 Die Eigelbe mit einer Gabel einstechen, sodass sie sich leichter verquirlen lassen. Dann zu einer glatten Masse verschlagen.
2 Eine Pfanne auf mittlere Temperatur erhitzen und die Butter schmelzen.
3 Wenn die Butter leicht gebräunt ist, die Masse hineingießen. Mit einem Spatel von den Rändern nach innen ziehen. Aufhören, wenn die Eier zu stocken beginnen, sodass die Masse noch in die Pfanne fließen kann und eine runde Form bildet. Mit Salzflocken bestreuen. Soll das Omelett eine Füllung erhalten (Käse, Schinken, Pilze, Lachs, Garnelen), wird diese jetzt hineingegeben. Legen Sie nur wenig Füllung auf, dann wird es einfacher, ein schönes Omelett zu formen.
4 Eine Hälfte umklappen, wenn die Masse an der Oberfläche noch flüssig ist.
5 Einen Klecks Butter in die Pfanne unter das Omelett geben, damit es auf der Unterseite etwas mehr Farbe und Geschmack bekommt.
6 Das Omelett auf einen Teller kippen.
7 Fertig! Französisches Bauernomelett mit genau der richtigen gebräunten Oberfläche und cremigem Inneren. Nach Belieben mit Salz und Pfeffer würzen.

# Japanisches Omelett Tamagoyaki

**1 Omelett**

½ TL Salz · ½ EL japanische Sojasauce · 3 Msp. Dashi · 1 ½ EL Mirin (süßer Reiswein) · 1 TL Zucker · 5 Eier · 2 EL neutrales Raps- oder Sonnenblumenöl

1 In einer Schüssel 50 ml Wasser mit dem Salz, der Sojasauce, dem Dashi, dem Mirin und dem Zucker vermischen. Gründlich verrühren, damit Dashi und Zucker in der Flüssigkeit schmelzen.
2 Die Eier in die Schüssel aufschlagen und mit Essstäbchen zu einer glatten Masse verrühren.
3 Eine Tamagoyaki-Pfanne auf mittlere Temperatur bringen und das Öl hineingießen. Das Öl mit Küchenpapier in der gesamten Pfanne verteilen.
4 Etwas Eimasse hineingießen, sodass sich eine dünne Schicht auf dem Boden der Pfanne absetzt.
5 Bei mittlerer Temperatur braten, bis die Masse fest ist – das Omelett sollte nicht braun werden!
6 Das Omelett mit den Stäbchen aufrollen.
7 Die Pfanne einölen und neue Eimasse auf den Boden gießen. Dabei sicherstellen, dass etwas davon unter dem gerollten Omelett landet, damit dieses im neuen Teig »haftet«.
8 Erneut rollen und den Vorgang mindestens fünf Mal wiederholen. Am Ende hat man ein dickes gerolltes Omelett.
9 Fertig! Das Omelett sollte im Kühlschrank abkühlen, um wirklich fest zu werden und eine schöne Struktur zu erhalten. Es kann in Streifen geschnitten und in Suppen, Nudelgerichten oder auf einem Nigiri Sushi serviert werden.

SCHOU

SCHOU

# 63-, 64- und 65-Grad-Ei

**Ein 63-Grad-Ei zubereiten**
Die ständige Suche nach dem perfekt gekochten Ei erreichte ihren Höhepunkt, als die Restaurantküchen begannen, einen Dampfgarer und die Sous-vide-Technik für ihre Eierspeisen zu verwenden. Nun konnte man die Eier bei einer exakten und gleichmäßigen Temperatur zubereiten, um das ultimative Ei-Erlebnis zu bekommen. Eine Zeit lang konnte man 63-Grad-Eier auf allen Speisekarten finden.

Das 63-Grad-Ei mit transparentem Eiweiß, das das Ei gerade so zusammenhält, und einem glatten, flüssigen Eigelb kam wie eine Explosion auf die Speisekarten der Restaurants und allmählich erschienen dann auch 64-, 65- und 66-Grad-Eier. Alles, um ständig neue Eierspeisen zu kreieren, die dem Gast ein atemberaubendes Erlebnis bieten konnten. Und ja, es ist ein Erlebnis. Ein transparentes, kleines rundes Ei mit einem cremigen Eiweiß und einem Eigelb zu bekommen, das auf einer Schüssel mit heißer Ramen-Suppe schwimmt, ist etwas völlig anderes als ein gebratenes oder pochiertes Ei. Und mit der Gabel in das Ei zu stechen und zu sehen, wie es sich öffnet und das Innere herausfließt, das ist wahrscheinlich der Höhepunkt der Ei-Zufriedenheit.

Warum gerade 63 °C? Nun, das Eigelb und das Eiweiß bestehen aus verschiedenen Arten von Aminosäuren, die bei unterschiedlichen Temperaturen gerinnen. Das Eiweiß beginnt bei 61 °C zu gerinnen, ist aber erst bei 84 °C vollständig geronnen, da verschiedene Aminosäuren im Eiweiß bei unterschiedlichen Temperaturen gerinnen. Das Eigelb beginnt bei 65–70 °C fest zu werden. Die Tatsache, dass die Temperatur für das perfekte Ei 63 °C wurde, ist ein Kompromiss zwischen den Gerinnungsgraden der Eier. Wenn die verschiedenen Temperaturen für die Gerinnung aufeinandertreffen, erhält man das cremigste, weich gekochte Ei, das man sich vorstellen kann.

**So geht's**
Die Temperatur auf 0,5 °C mehr einstellen, als das Ei erreichen soll. Für ein 63-Grad-Ei sollte sie also bei 63,5 °C liegen. Die Eier in das Wasser oder in den Dampfgarer legen. 50 Minuten kochen, in kaltem Wasser abspülen. Wenn das Ei heiß serviert werden soll, etwa 2 Minuten vor dem Servieren in heißes Wasser von etwa 80 °C tauchen. Das Ei lässt sich am leichtesten aufschlagen, indem man sanft mit einem Messer auf die Mitte des Eis schlägt und es dann über dem Essen oder einem kleinen Teller öffnet. Das Eiweiß besteht von Natur aus sowohl dickerem als auch dünnerem Eiweiß, und je frischer das Ei, desto mehr festeres Eiweiß hat es. Wenn Sie die Eier dämpfen oder in sous-vide garen, erzielen Sie die besten Ergebnisse mit frischen Eiern. Man erhält immer eine festere und flüssigere Schicht Eiweiß, wenn man Eier aufschlägt. Entweder entfernt man das äußere flüssigere Eiweiß, oder man isst es mit.

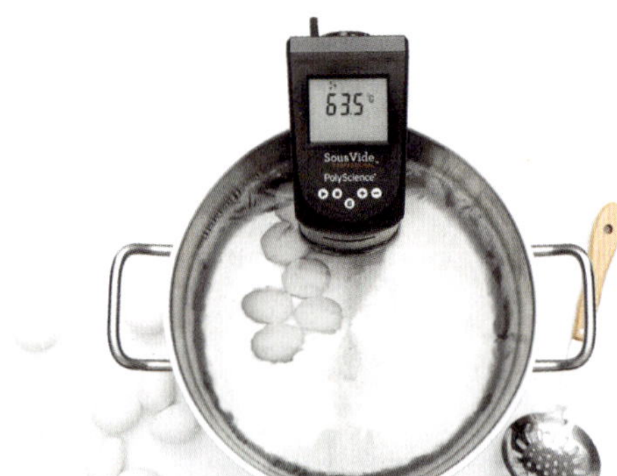

65°
64°
63°

# Baiser

## Baiser schlagen

Es ist beinahe magisch, dass Eiweiß, das mit Zucker geschlagen wird, sich in knackige Baisers, glatte italienische Baisercreme, Marshmallows, französischen Nougat und Soufflé verwandeln kann.

»Man soll sich die Schüssel mit dem Eiweiß darin umgedreht über den Kopf halten können - dann weiß man, dass das Eiweiß lange genug geschlagen wurde.« Eine einfache Regel, die wirklich gut ist, denn man sollte die Baisermasse immer lange schlagen, zum einen, um das Volumen zu erhöhen, und zum anderen, damit sich der Zucker richtig mit dem Ei verbindet. Wenn der Zucker in einer kalt geschlagenen Baisermasse nicht schmilzt, sondern noch als kleine körnige Kristalle vorhanden ist, werden die Baisers ungleichmäßig gebacken und bekommen kleine Punkte von geschmolzenem Zucker auf der Oberfläche. Angestrebt wird eine glatte, glänzende und knusprige Oberfläche mit einem klebrigen Inneren.

Kalt geschlagener Eischnee lässt sich sowohl für kleine Baisers als auch für einen Kuchen verwenden, der mit einer Baiserdecke im Ofen gebacken wird. Wie gesagt, das Wichtigste ist, das Eiweiß richtig zu schlagen, damit die Zuckerkristalle schmelzen. Eine bessere Methode, um ein gutes Endergebnis zu erzielen, ist Schweizer Baiser, bei dem Zucker und Eier über einem Wasserbad bei 62 °C zu einer zähflüssigen Masse schmelzen. Wird diese im Anschluss kalt geschlagen, wird sie fest, glänzend und zäh und eignet sich hervorragend für Baisers, die im Ofen gebacken werden.

Italienisches Baiser funktioniert anders. Hier wird heißer Zuckersirup unter den Eischnee gehoben. Wenn Eier und Sirup dann zu einer kalten Baisermasse geschlagen werden, erhält man eine glatte, weiße, glänzende und marshmallowartige Masse, die für Mousse, Torten oder als Topping auf Obstsalat verwendet und mit einem Flambierbrenner abgeflämmt werden kann. Italienisches Baiser lässt sich in kleinen Beuteln einfrieren, die dann für ein Dessert aufgetaut werden können.

Essig oder Zitrone machen die Baisermasse stabiler und gleichmäßiger. Man kann sagen, dass die Säure dazu führt, dass die Proteine zusammenschrumpfen und einen Säureschock bekommen, was für eine stabile Masse sorgt. Auch das Geschmackserlebnis ist mit etwas Säure im Eischnee angenehmer, da diese den süßen Zucker ein wenig ausgleicht.

Die Menge an Zucker variiert von Rezept zu Rezept und von Koch zu Koch. Die traditionelle Methode ist, Zucker und Eier zu wiegen und zwei Teile Zucker und einen Teil Ei zu verwenden. Das wird eine sehr süße Baisermasse mit genau so viel Zucker, wie das Eiweiß binden kann. Ich habe mich an die meiner Meinung nach ultimativen Baiser-Rezepte mit etwas weniger Zucker als traditionell herangetestet. Es entsteht so eine fluffigere Masse und ein besseres Endergebnis, mit dem knusprige Baisers mit feuchtem Inneren und eine glatte italienische Baisermasse herzustellen sind.

## Carbonara zum Mittagessen und Eiweiß übrig?

Eiweiß kann eingefroren, wieder aufgetaut und dann zu Baiser aufgeschlagen werden. Denken Sie daran, das Gewicht oder die Anzahl der Eiweiße auf den Beutel zu schreiben.

## Temperatur und Zeit

Baisers sollten niemals bei höherer Temperatur als 115 °C gebacken werden, da ansonsten die Gefahr besteht, dass sie zu viel Farbe bekommen oder zu früh im Ofen fertig werden und dann eine harte Oberfläche haben, innen aber noch flüssig sind. Backen Sie sie im unteren Teil des Ofens bei 100–115 °C. Kleine Baisers benötigen etwa 1 Stunde, während ein Tortenboden oder eine große Pavlova 1 ½ Stunden benötigt. Für besonders knusprige und trockene Baisers kann man sie im Backofen abkühlen lassen, ohne Luft und Feuchtigkeit von außen.

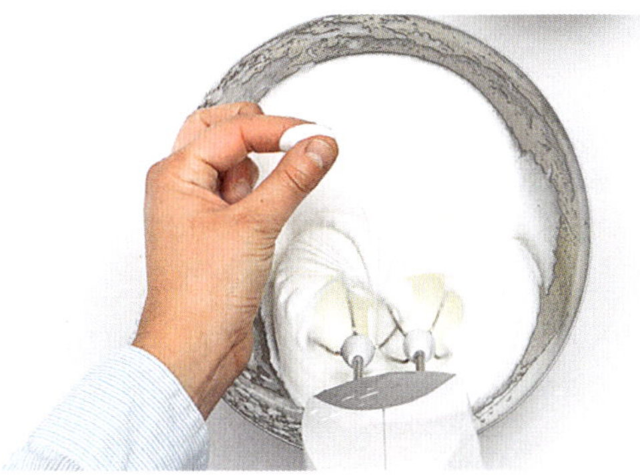

# Kalt geschlagenes Baiser

**Etwa 60 Minibaisers oder 2 Tortenböden**

3 Eiweiß · 1 TL Zitronensaft oder Essig, 12% · 180 g Zucker

1. Eiweiß und Eigelb trennen. Eine gut gereinigte Edelstahlschüssel verwenden, die keine Spuren von Fett enthalten darf.
2. Das Eiweiß mit dem Zitronensaft oder Essig zu einem weißen Schaum schlagen. Dann nach und nach den Zucker unterrühren.
3. Zu einer glatten Baisermasse schlagen, bis alle Zuckerkristalle geschmolzen sind. Zum Überprüfen, ob noch Kristalle vorhanden sind, etwas von der Masse zwischen den Fingern reiben.
4. Die fertige Masse im Ofen zu kleinen Baisers oder Tortenböden backen.

# Italienisches Baiser

**Etwa 60 Minibaisers oder 2 Tortenböden**

4 Eiweiß · 300 g Zucker + 3 EL Zucker (30 g)

1. Eiweiß und Eigelb trennen. Eine gut gereinigte Edelstahlschüssel verwenden, die keine Spuren von Fett enthalten darf.
2. 300 g Zucker und 100 ml Wasser ohne Rühren zu einem heißen Sirup kochen. Die Temperatur sollte 121–123 °C betragen.
3. Wenn die Temperatur des Sirups auf etwa 115 °C gestiegen ist, das Eiweiß steif schlagen. Dann 30 g Zucker in den steifen Eischnee einrühren.
4. Die Temperatur auf dem Thermometer im Auge behalten und das geschlagene Eiweiß bereithalten. Den Zuckersirup vom Herd nehmen, wenn er 121–123 °C erreicht hat.
5. Den heißen Sirup unter ständigem Schlagen in einem dünnen Strahl in das Eiweiß geben. Die Baisermasse schlagen, bis sie abgekühlt ist. Das kann einige Zeit dauern.
6. Jetzt kann die Baisermasse für Mousse-Torten, Mousse, Tortenbelag, Key Lime Pie, Kuchen und Cupcakes verwendet werden. Oft wird die Oberseite abgeflämmt, sodass der Geschmack etwas karamellig wird. Die Baisermasse kann auch eingefroren und später wieder herausgenommen werden.

# Schweizer Baiser

**Etwa 60 Minibaisers oder 2 Tortenböden**

4 Eiweiß · 270 g Zucker · ⅔ EL Haushaltsessig

1 Eiweiß und Eigelb trennen. Dazu am besten die Hände als Sieb nutzen, denn wird die scharfkantige Schale zum Trennen verwendet, geht das Eigelb leicht kaputt. Geringste Spuren von Eigelb im Eiweiß genügen, damit das Baiser missglückt. Eine gut gereinigte Edelstahlschüssel verwenden, die keine Spuren von Fett enthalten darf.

2 Das Eiweiß, den Zucker und den Essig in eine Schüssel geben.

3 Wasser in einem Topf zum Sieden bringen und die Schüssel über das Wasserbad stellen und rühren, bis der Zucker geschmolzen ist.

4 Die Temperatur auf dem Thermometer im Auge behalten. Die Masse soll eine Temperatur von 62 °C erreichen.

5 Den Ofen auf 110 °C (Ober-/Unterhitze) vorheizen. Die Schüssel vom Herd nehmen und den Inhalt mit einer Küchenmaschine oder einem Rührgerät zu einer festen Baisermasse schlagen.

6 Etwa 10 Minuten weiterschlagen, bis die Baisermasse abgekühlt ist.

7 Jetzt kann die Baisermasse für kleine Baisers oder Baiser-Tortenböden verwendet werden. Sie soll ein knuspriges, innen jedoch leicht zähes Ergebnis liefern.

# Emulsionen

Eine emulgierte Sauce wird aus einem kleinen Spritzer säuerlicher Flüssigkeit (z. B. Wasser und Essig oder Wein) und irgendeiner Art von Fett (z. B. Butter oder Öl) hergestellt. Oft, aber nicht immer, enthält die Sauce auch Eigelb oder ganze Eier. Beispiele sind Mayonnaise, Sauce béarnaise, Aioli und Sauce hollandaise. Die Zutaten verbinden sich normalerweise nicht, da sich Fett eigentlich immer von Flüssigkeit wie Wasser oder Wein trennt. Aber mithilfe der richtigen Temperatur, genauer Messung, ständigen Schlagens und vorsichtigen Hinzufügens des Fetts wird das Ergebnis eine cremige Sauce, die gut zu einem frisch gebratenen Stück Fisch, einem blutigen Steak oder einem Sandwich mit Eiern und Garnelen schmeckt.

Meine halbfranzösische Freundin Rachel behauptet, dass man Mayonnaise oder Aioli nach klassischer französischer Art immer mit einem Holzkochlöffel rühren sollte. Oder man macht es nach der französischen Hardcore-Methode und bereitet Aioli im Mörser zu. Das finde ich ziemlich anstrengend, denn ich möchte meine Mayonnaise immer schnell fertig haben. Darum verwende ich immer einen Ballonschneebesen und eine Schüssel mit rundem Boden, um das Öl in die Eimasse zu rühren. Vielleicht gibt es einem ja nicht das gleiche Gefühl, als wenn man das Öl langsam hinzufügt und zusieht, wie die Mayonnaise eindickt, wenn man ganz lange vorsichtig umrührt, aber meine Mayonnaise gelingt immer und ist wirklich cremig. Wenn ich die Masse schlage, lege ich ein nasses Handtuch oder Geschirrtuch unter die Schüssel, damit sie fest auf der Arbeitsfläche steht.

Am besten ist es, wenn alle Zutaten bei der Zubereitung von Mayonnaise/Aioli Zimmertemperatur haben und bei Béarnaise oder Hollandaise lauwarm sind. Besonders wichtig ist die Temperatur bei der Herstellung von Béarnaise und Hollandaise. Die Butter darf nicht zu heiß sein, wenn sie in die Eimasse geschlagen wird, denn sonst gerinnt diese und verwandelt sich in eine triste Suppe oder Rührei.

Im Fall von Mayonnaise kann man auch dann eine cremige Sauce erhalten, auch wenn die Eier etwas kälter sind als das Öl. Aber wenn Sie sicher sein wollen, ein gutes Ergebnis zu erzielen, lassen Sie die Eier eine Weile bei Zimmertemperatur liegen, bevor die Mayonnaise geschlagen wird.

**Geronnene Béarnaise**
Wenn die Sauce gerinnt, ist der beste Trick, ein paar EL Sahne oder Wasser in einem separaten Topf zum Kochen zu bringen. Dann zieht man diesen vom Herd und schlägt die misslungene Sauce hinein, und schon hat man seine Sauce béarnaise gerettet! Ein weiterer Trick ist, 1 EL eiskaltes Wasser in die Sauce schlagen. Die Sauce emulgiert dann in der Regel wieder, gerinnt aber oft nach einer Weile wieder. Das Gleiche gilt für Mayonnaise. Wenn Sie zu viel Öl untergerührt haben und die Mayonnaise gerinnt, können Sie mithilfe eines verrührten Eis in einer Schüssel von vorne beginnen. Rühren Sie die geronnene Masse tröpfchenweise hinein, bis die Mayonnaise cremig ist.

**Wird die Mayonnaise nicht cremig?**
Manchmal liegt das daran, dass die Eier zu kalt waren, als das Öl in die Eimasse getropft wurde, und der Emulgierprozess nicht in Gang gekommen ist. Es kann aber auch sein, dass Sie nicht genug Öl hinzugefügt haben. Rechnen Sie mit etwa 100–150 ml Öl pro Eigelb. Je mehr Öl Sie hinzufügen, desto dicker wird die Mayonnaise. Das Gleiche gilt für die Butter in einer Béarnaise oder Hollandaise. Für eine flüssigere Mayonnaise, die mehr als Dressing verwendet werden soll, fügen Sie etwas weniger Öl hinzu, während Sie für eine wirklich dicke Mayonnaise so viel Öl hinzufügen, dass der Schneebesen fast von selbst in der Sauce steht. Aber seien Sie vorsichtig! Es gibt eine Grenze, wie viel Öl oder Butter die Sauce aufnehmen kann. Fügt man zu viel hinzu, gerinnt die Sauce und hält nicht zusammen.

# Mayonnaise und Aioli

**Etwa 150 ml**

1 Eigelb · 2 TL Weißweinessig · ½ TL Dijon-Senf · 1 Knoblauchzehe, fein gerieben (für Aioli) · 100–150 ml neutrales Raps- oder Sonnenblumenöl · Salz

1 Das Eigelb, den Essig und den Senf in einer Schüssel verquirlen. Für Aioli Knoblauch hinzufügen.
2 Das Öl tropfenweise einrühren, bis eine dicke Mayonnaise entsteht. Mit Salz und eventuell mehr Essig abschmecken.

# Vollei-Mayonnaise American Style

**350 ml**

1 Ei · 2 TL Weißweinessig · 1 EL Dijon-Senf · 350 ml neutrales Raps- oder Sonnenblumenöl · Salz

---

Diese amerikanische Mayonnaise unterscheidet sich von der mit Eigelb zubereiteten europäischen. Die Mayonnaise wird aus ganzen Eiern hergestellt und wird fest und sehr dick in der Konsistenz – perfekt auf Clubsandwich oder Hamburger. Wer Hellmanns Mayonnaise probiert hat, kennt den Unterschied.

Die einfachste Art, eine Mayonnaise aus ganzen Eiern herzustellen, ist die Verwendung eines Stabmixers. Man erhält sofort ein cremiges Ergebnis.

---

1 Das Ei in einen Mixerbecher oder ein anderes schmales hohes Gefäß aufschlagen.
2 Den Essig und den Senf hinzufügen.
3 Das Öl hineingießen.
4 Den Stabmixer auf den Boden des Gefäßes senken und die Masse zu einer dicken Mayonnaise verquirlen. Mit Salz und eventuell mehr Essig abschmecken.

# Sauce hollandaise

**4 Portionen**

3 Eigelb · 200 g Butter · 1 Schalotte, gehackt · 2 EL Weißweinessig · 50 ml trockener Weißwein · 4 ganze weiße Pfefferkörner · 1 Stängel Petersilie · 2 TL Zitronensaft · Salz · frisch gemahlener weißer Pfeffer

---

Sauce hollandaise sollte cremig, aber dennoch so flüssig sein, dass sie langsam am pochierten Ei eines Ei Benedict herabrinnt oder über den gebratenen Fisch geringelt werden kann. Ich mag meine hollandaise säuerlich. Schmecken Sie sie zum Schluss mit Zitronensaft ab und entscheiden Sie selbst, wie säuerlich Sie sie mögen.

---

1 Die Butter in einem Topf schmelzen. Vom Herd nehmen.
2 Die Schalotte, den Essig, 50 ml Wasser, den Wein, den Pfeffer und die Petersilie zum Kochen bringen. Auf die Hälfte einreduzieren lassen und die Gewürze abseihen.
3 Das Eigelb in die Flüssigkeit rühren und bei niedriger Temperatur zu einer etwas dickeren Sauce schlagen.
4 Den Topf vom Herd nehmen und die Butter tropfenweise unterrühren, bis eine cremige Sauce entsteht. Wenn die Sauce zu dick wird, etwas Wasser hinzufügen.
5 Mit dem Zitronensaft, Salz und Pfeffer abschmecken.

**Tipp!**
**Sauce noisette**
Die Butter anbräunen, bis sie goldbraun ist und nach nussigem Karamell riecht. Dabei die Butter die ganze Zeit rühren, damit das gebräunte Protein nicht am Boden kleben bleibt. Der ganze Geschmack sitzt in den kleinen gebräunten Krümeln. Etwas abkühlen lassen und in die hollandaise quirlen und schon erhält man die nussige französische Version der Sauce hollandaise. Lecker zu gegrilltem Fisch oder Pilzen.

**Gebräunte Butter und Soja-Hollandaise**
Gehen Sie wie bei der Sauce noisette vor, aber rühren Sie 2 EL japanische Sojasauce zusammen mit der Essigmischung unter das Ei.

# Sauce béarnaise

**4 Portionen**

3 Eigelb · 280 g Butter · 2 Schalotten, fein gehackt · 3 EL Weißweinessig · 3 TL fein gehackter Estragon · 1 Stängel glatte Petersilie · 4 ganze weiße Pfefferkörner · Salz

Sauce béarnaise sollte etwas dicker in der Konsistenz sein als Sauce hollandaise. Man sollte Pommes frites in die Sauce dippen können oder einen herrlichen Klecks Sauce auf das gebratene Steak geben, sodass man bei jedem Bissen ein wenig von der cremigen Sauce auf die Gabel bekommt.

1 Die Butter in einem Topf schmelzen und beiseitestellen, sodass das gesamte weiße Protein auf den Boden sinkt. Was sich auf der Oberfläche befindet, mit einem Löffel entfernen.
2 Die Schalotten, den Essig, 3 EL Wasser, 2 TL Estragon, die Petersilie und Pfeffer in einem Topf aufkochen. Auf die Hälfte reduzieren. Die Gewürze abseihen. (Möglicherweise etwas von der Zwiebel aufbewahren, manchmal ist es gut, sie am Ende in die Sauce zu geben, um zusätzliche Säure und Geschmack zu erhalten. Zugegeben, das ist nicht die französische Art, aber es gibt viele Varianten der klassischen, neutraleren Sauce.)
3 Die Essigflüssigkeit zurück in den Topf geben und bei niedriger Temperatur zusammen mit dem Eigelb verquirlen. Zu einer dicken Creme schlagen. Die Temperatur nicht zu hoch werden lassen und die ganze Zeit schlagen. Wenn sie zu hoch ist, den Topf vom Herd ziehen und weiter schlagen.
4 Die Sauce vom Herd nehmen und tropfenweise geschmolzene Butter einrühren, bis eine dicke Sauce entsteht.
5 Mit dem restlichen Estragon, Salz und eventuell etwas gekochter Zwiebel abschmecken.

Die Sauce nicht noch einmal erhitzen, denn oft geht dabei etwas schief. Entweder die Sauce à la Minute servieren,, also sofort, wenn sie geschlagen und noch etwas warm ist, oder lauwarm oder bei Zimmertemperatur servieren. Wenn die Beilagen heiß sind, wird die Sauce nicht als zu kalt empfunden. Die Sauce NICHT in den Kühlschrank stellen. Dann wird die Butter fest, und man kann sie als Kräuterbutter verwenden. Wird sie erneut erhitzt, gerinnt sie und wird zu einer Art Suppe.

**Tipp!**
**Choron-Sauce**
1 ½ EL Tomatenmark statt Estragon zur Sauce béarnaise geben. Ein Klassiker und eine perfekte Variante der Sauce béarnaise. Das Tomatenmark wird besonders lecker, wenn es eine Weile in einem kleinen Klecks Butter braten darf, dann wird es süß und etwas konzentrierter im Geschmack. Das Tomatenmark gleichzeitig mit dem Eigelb unterrühren.

# Nobis-Dressing

**4 Portionen**

1 Ei · 2 TL Weißweinessig · 1 TL Dijon-Senf · 100 ml neutrales Raps- oder Sonnenblumenöl · ½ Knoblauchzehe, fein gerieben · 1 EL Schnittlauch, fein gehackt · 1–2 TL Zitronensaft · Salz · frisch gemahlener schwarzer Pfeffer

1 Wasser in einem Topf zum Kochen bringen. Das Ei mit einem Löffel hineingeben und genau 3 Minuten kochen.
2 Das Ei in kaltem Wasser abkühlen und das Innere in eine Schüssel geben.
3 Zusammen mit Essig und Senf verquirlen. Gründlich schlagen, damit das Ei glatt wird.
4 Das Öl tropfenweise hineingeben und alles zu einer dicken, cremigen Sauce schlagen.
5 Knoblauch und Schnittlauch untermischen. Mit Zitronensaft, Salz und Pfeffer abschmecken.

# Kräutermayonnaise

**300 ml**

2 Eigelb · 1 Knoblauchzehe · 1 EL fein gehackter Basilikum · 1 EL fein gehackter Dill · 1 EL fein gehackte glatte Petersilie · 1 ½ EL Zitronensaft · ½ EL Senf · 250 ml neutrales Raps- oder Sonnenblumenöl · Salz · frisch gemahlener schwarzer Pfeffer

1 Das Eigelb, den Knoblauch, die Kräuter, den Zitronensaft und den Senf in einem Mixer oder einer Küchenmaschine vermengen. Mit dem Mixer erhält man eine schöne Mayonnaise mit gleichmäßig grüner Farbe. Bei der Küchenmaschine sind die Kräuter möglicherweise noch als solche zu erkennen.
2 Tropfenweise das Öl einrühren, bis sich eine dicke Mayonnaise bildet. Mit Salz, Pfeffer und mehr Zitronensaft abschmecken.
3 Knoblauch und Schnittlauch unterrühren. Mit Zitrone, Salz und Pfeffer abschmecken.

**Tipp!**
**Kräutermayonnaise + Parmesan + Baguette**
Die Mayonnaise mit 100 g fein geriebenem Parmesan vermischen. Auf gerösteten Baguettescheiben verteilen und im Backofen bei 250 °C gratinieren. Als Snack oder Beilage zu Suppe oder Salat servieren.

# Caesar-Dressing

**200 ml**

1 Eigelb · 1 Knoblauchzehe, fein gerieben · 2 TL Weißweinessig · 1 TL Dijon-Senf · 50 ml Olivenöl · 50 ml neutrales Raps- oder Sonnenblumenöl · 3 Sardellenfilets, fein gehackt · 1 ½ EL Kapern, grob gehackt · 3 EL fein geriebener Parmesan · 1 EL Zitronensaft · Salz · frisch gemahlener schwarzer Pfeffer

1 Das Ei mit Knoblauch, Essig und Senf verquirlen.
2 Das Öl tropfenweise hineinrühren, bis eine dicke Mayonnaise entsteht.
3 Sardellen und Kapern in die Sauce mischen.
4 Den Parmesan unterheben und mit Zitrone, Salz und Pfeffer abschmecken.

# Sojamayonnaise

**250 ml**

50 ml japanische Sojasauce · 1 Eigelb · 1 EL Reisweinessig · 2 TL fein geriebener Ingwer · 1 TL Sesamöl · 200 ml neutrales Raps- oder Sonnenblumenöl · Salz

---

Sie ist so lecker und macht süchtig! Testen Sie, die Sojasauce durch 1 ½ EL Wasabi-Paste zu ersetzen, für eine scharfe Mayonnaise, bei der die Augen tränen.

---

1 Die Sojasauce zum Kochen bringen und auf 1 ½ EL reduzieren. Vollständig abkühlen lassen.
2 Eigelb, Essig, Sojasauce und Ingwer in einer Schüssel verquirlen.
3 Das Öl tropfenweise einrühren, bis die Mayonnaise dick ist.
4 Mit Salz abschmecken.

# Sauce Gribiche

**300 ml**

1 gekochtes 8-Minuten-Ei, siehe Seite 8 · 1 EL Dijon-Senf · 1 TL Weißweinessig · 50 ml Olivenöl · 1 EL fein gehackte Cornichons · 2 EL Kapern · 1 EL fein gehackte glatte Petersilie · ½ TL Estragon · Salz und frisch gemahlener schwarzer Pfeffer

1 Das Ei hacken.
2 Senf und Essig verquirlen. Das Öl hineinquirlen, bis eine dicke Emulsion entsteht, dann die übrigen Zutaten untermischen.
3 Mit Salz und Pfeffer abschmecken.

Sauce béarnaise
Gebräunte-Butter- & Soja-Hollandaise

Vollei-Mayonnaise
Mayonnaise
Sauce Gribiche

# Frühstück & Brunch

# Full English Breakfast

**2 Portionen**

1 Dose kleine weiße Bohnen, z. B. Cannellini
½ gelbe Zwiebel, fein gehackt
Butter
2 TL Tomatenmark
½ Msp. gemahlener Piment
1 Msp. gemahlener Koriander
½ Dose stückige Tomaten (200 g)
1 EL Zucker
½ TL Worcestershiresauce
1 EL HP-Sauce, siehe Seite 74
1 TL Weißweinessig
Salz
300 g frische Bratwürste
140 g Frühstücksspeck
2 Portobello-Pilze
150 g Rispentomaten
4 kleine Eier

1. Die Bohnen abgießen und abspülen.
2. Die Zwiebel in einem Topf in Butter anbraten. Das Tomatenmark und die Gewürze dazugeben, alles einige Minuten braten.
3. Die stückigen Tomaten, 100 ml Wasser, den Zucker, die Worcestershiresauce, die HP-Sauce und den Essig hinzufügen. Alles etwa 15 Minuten köcheln lassen.
4. Die Sauce mit einem Stabmixer pürieren. Die Bohnen hineingeben und weitere 10 Minuten köcheln lassen. Mit Salz abschmecken.
5. Die Bratwürste in einer Pfanne rundherum in Butter anbraten, bis sie schön gebräunt sind. 50 ml Wasser in die Pfanne gießen und die Würste zugedeckt weiter braten, bis sie durchgegart sind.
6. Die Bratwürste aus der Pfanne nehmen und den Speck anbraten. Beiseitestellen.
7. Die Pilze und die ganzen Tomaten an der Rispe in Butter anbraten. Salzen. Beiseitestellen und die Pfanne ausspülen.
8. Etwas Butter in der Pfanne schmelzen lassen. Jeweils 2 Eier zusammen in eine kleine Schüssel aufschlagen.
9. In die heiße Pfanne geben, sodass die Eier zusammen wie ein Spiegelei mit zwei Eigelben gebraten werden. Salzen.
10. Die Bratwürste, den Speck, die Tomaten und die Pilze wieder in der Pfanne erwärmen.
11. Mit den Bohnen und am besten Toast servieren.

Ein komplettes englisches Frühstück macht man nicht jeden Tag, aber es ist wirklich das ultimative Frühstück. Man ist auf jeden Fall den ganzen Tag lang satt und erhält eine perfekte Kombination aus Eiern, Würstchen und Speck. Es ist auch der beste »Muntermacher« am Tag nach einer feuchtfröhlichen Party.
Weiße Bohnen aus der Dose in süßlicher, ketchupartiger Sauce sind nicht wirklich lecker. Um also das Frühstück richtig gut zu machen, ist es am besten, sie selbst zu machen. Das Ei kann variiert werden: Rührei, pochiert oder gebraten, wählen Sie selbst! In England kann man auch aus mehreren Arten von Speck wählen – den etwas dickeren amerikanischen oder den britischen im Metzgerstil, der eher einem dünn geschnittenen Schnitzel ähnelt. Viele Wahlmöglichkeiten, aber letztendlich wird es ein vollendetes Frühstück.

# Ei-Muffin

Vielleicht das Einzige, wofür man der größten Hamburgerkette der Welt wirklich danken kann - der Egg McMuffin. Ein in Butter gebratener englischer Muffin mit Schinken oder Speck, Spiegelei und Käse. Ein perfektes Frühstückssandwich.

Man kann schon neidisch werden, wenn man in den Geschäften in England und den USA lange Reihen von englischen Muffins und Crumpets ausliegen sieht, die nur darauf warten, geröstet und mit einem Klecks Butter, Ei und vielleicht etwas Käse belegt zu werden. Der englische Muffin ist ein perfektes Frühstücksbrot, da der Teig kalt geht und dann in einer Pfanne gebraten wird, anstatt im Ofen gebacken zu werden. Das Brot ist schnell gemacht, und wenn etwas übrig bleibt, packen Sie es einfach in den Gefrierschrank - aber teilen Sie es zuerst in zwei Hälften, sodass Sie diese noch gefroren direkt in den Toaster geben können.

**16 Stück**

½ Würfel frische Hefe (etwa 20 g)
500 g Weizenmehl + mehr zum Bemehlen
½ TL Salz
100 g Polentagrieß
neutrales Rapsöl zum Braten

**2 Portionen**
2 englische Muffins
30 g Butter
4 Scheiben Käse, z. B. Gouda oder Edamer
2 Eier
150 g Kochschinken

**Englische Muffins**
1 Die Hefe in eine große Schüssel zerbröseln. Mit 400 ml Wasser verrühren.
2 Das Mehl dazugeben und zu einem glatten Teig arbeiten. Das Salz gegen Ende hineingeben und in den Teig einarbeiten.
3 Die Schüssel mit Frischhaltefolie abdecken und über Nacht oder mindestens 6 Stunden bei Zimmertemperatur ruhen lassen.
4 Den Polentagrieß auf einen Teller oder in eine Form geben.
5 Den Teig auf eine bemehlte Arbeitsplatte legen und in 16 gleichmäßige Stücke teilen. Die Stücke zu runden Brötchen formen und mit der Ober- und Unterseite in den Polentagrieß drücken. Leicht abflachen.
6 In etwas Öl bei niedriger Temperatur etwa 8 Minuten auf jeder Seite braten.
7 Abkühlen lassen und in zwei Hälften teilen. Diese kurz vor dem Servieren toasten oder in Butter anbraten.

**Ei-Muffin**
1 Den Backofen auf 150 °C (Ober-/Unterhitze) vorheizen.
2 Die Brötchen halbieren und in 15 g Butter in einer Pfanne rösten.
3 Die Käsescheiben auf die Unterseite legen. Etwa 5 Minuten in den Ofen geben, bis der Käse schmilzt.
4 Die Eier in der übrigen Butter von beiden Seiten braten. Das Eigelb sollte noch flüssig oder cremig sein.
5 Das Brot aus dem Ofen nehmen und mit Schinken und Ei belegen. Die zweite Brötchenhälfte als Deckel aufsetzen. Mit Ketchup und HP-Sauce servieren.

# Huevos Rancheros

Es gibt viele Varianten des mexikanischen Frühstücksgerichts Huevos Rancheros. Manchmal wird es in der Pfanne mit in Tomatensauce pochierten Eiern, manchmal in tiefen Schüsseln mit Spiegelei serviert, fast wie ein koreanisches Bibimbap. Manchmal wird die Zwiebel gebraten, manchmal eingelegt. Manchmal wird es mit mexikanischem Queso Fresco serviert, manchmal mit geriebenem amerikanischem Cheddar. Es gibt kein Richtig oder Falsch bei diesem ländlichen Frühstück, das auf die gleiche Weise wie das schwedische Pyttipanna (siehe Seite 99) entstanden ist – man nahm das, was vom Abendessen übrig war, und aß es am nächsten Tag zum Frühstück. Besonders köstlich an dieser Taco-Variante sind die frittierten Tortillas, die einen knusprigen Kontrast zu den weichen Bohnen, der Sauce und dem Ei bilden. Wenn Sie besonders hungrig sind, können Sie auch gekochten Reis unter die Bohnen mischen.

**2 Portionen**

1 rote Zwiebel, fein geschnitten
1 TL Zucker
½ EL Weißweinessig
Salz und frisch gemahlener schwarzer Pfeffer
150 ml neutrales Raps- oder Sonnenblumenöl
4 kleine Maistortillas (am besten hausgemacht)
½ Dose schwarze Bohnen
1 Avocado, gewürfelt
2 Eier
4 EL Crème fraîche
50 g Fetakäse, zerbröselt
½ Bund Koriander, grob gehackt
½ Limette

**Tomatensauce**
1 TL ganzer Kreuzkümmel
1 TL ganze Koriandersamen
1 TL geräuchertes Paprikapulver
½ gelbe Zwiebel, fein gehackt
½ Knoblauchzehe, fein gehackt
½ rote Chilischote, entkernt und fein gehackt
2 EL Olivenöl
1 Dose gehackte Tomaten
Salz und frisch gemahlener schwarzer Pfeffer

1. Rote Zwiebel, Zucker, Essig und 1 Prise Salz mischen. Mindestens 30 Minuten bei Zimmertemperatur stehen lassen.
2. In der Zwischenzeit die Tomatensauce vorbereiten: die Gewürze zerstoßen. Die Zwiebel, den Knoblauch und die Chilischote zusammen mit den Gewürzen im Öl anbraten. Die gehackten Tomaten und 3 EL Wasser hinzufügen. Zugedeckt etwa 15 Minuten köcheln lassen. Den Deckel abnehmen und weitere 5 Minuten köcheln lassen. Mit Salz und Pfeffer abschmecken.
3. Das Öl in einer Pfanne auf 180 °C erhitzen. Die Tortillas im Öl frittieren, bis sie Farbe bekommen und knusprig werden. Auf Küchenpapier abtropfen lassen.
4. Die Bohnen abtropfen lassen, abspülen und mit der Avocado vermischen.
5. Die Eier in Öl knusprig braten.
6. Die Tortillas halb übereinander auf einen Teller legen. Auf eine Bohnen, Avocado und einen Klecks Crème fraîche geben. Die zweite mit warmer Tomatensauce und Ei belegen.
7. Mit Fetakäse und Koriander bestreuen. Mit einer Limettenspalte servieren.

# Frühstücks-Burrito

Es ist schwer, ein American-Diner-Lokal in Kalifornien zu finden, das keinen Frühstücksburrito auf der Speisekarte hat. Mit Eiern, Käse, Paprika, Chili, mal Reis, mal Bohnen und mal Tomaten gefüllte Weizentortillas. Zum Burrito passt sehr gut Rührei aus der Pfanne. Wenn das Rührei über dem Wasserbad hergestellt wird, ist es etwas zu cremig und flüssig, um in einem Tortillafladen zusammenzuhalten.

**2 Burritos**

1 gelbe Zwiebel, in Streifen geschnitten
1 rote Paprika, entkernt und in Streifen geschnitten
Olivenöl
2 frische Chorizo, halbiert
2 Portionen Rührei, siehe Seite 20
½ Jalapeño, entkernt und fein gehackt
80 g geriebener Cheddar
2 große Weizentortillas
1 Tomate, gewürfelt
½ Bund Koriander, grob gehackt
Salz

1 Die Zwiebel und die Paprika etwa 5 Minuten in etwas Öl in einer heißen Pfanne braten. Aus der Pfanne nehmen und beiseitestellen.
2 Die Chorizo etwa 10 Minuten anbraten, bis sie durchgegart ist. Beiseitelegen und die Pfanne ausspülen.
3 Das Rührei nach Rezept zubereiten. Gegen Ende die Jalapeño dazugeben und mit dem Käse bestreuen.
4 Die Tortillas in einer Pfanne erwärmen und auf Teller geben. Die Eier, die Chorizo, das Gemüse und die Tomaten darauf verteilen. Mit Koriander und etwas Salz bestreuen. Zusammenrollen, dabei die Ränder einfalten, damit die Füllung in der Rolle bleibt. In Pergamentpapier einwickeln, halbieren und essen!

# Croque Madame

Monsieur und Madame. Der Unterschied zwischen diesen im Ofen gegrillten Kultsandwiches ist das Ei. Ein goldbraun gebratenes Ei schmückt die Croque Madame wie ein Hut. Es heißt, dass daher der Name kommt. Das Ei wird dann mit Schinken, Käse und einer dicken Sauce Béchamel mit Käse belegt.

**2 Sandwiches**

**Sauce**
30 g Butter
1 EL Weizenmehl
200 ml Vollmilch
50 g fein geriebener Comté oder Gruyère
½ EL grober Dijon-Senf
½ EL fein geriebener Meerrettich
½ Prise fein geriebene Muskatnuss
Salz und frisch gemahlener schwarzer Pfeffer

4 Scheiben Toastbrot, am besten mit Sauerteig
Butter zum Rösten und Braten
2 EL grober Dijon-Senf
8 Scheiben gekochter Schinken
120 g Comté oder Gruyère
2 Eier
1 EL fein gehackter Schnittlauch

1. Den Backofen auf 225 °C (Ober-/Unterhitze) vorheizen.
2. Die Butter in einem Topf schmelzen und das Mehl einrühren. Kurz anbraten und dann die Milch unterrühren. Schlagen, bis die Klümpchen verschwinden. Zu einer dicken Sauce köcheln lassen, etwa 3 Minuten.
3. Vom Herd nehmen und den Käse, den Senf, den Meerrettich und die Muskatnuss unterrühren. Mit Salz und Pfeffer abschmecken.

4. Die Brotscheiben in einer Pfanne mit etwas Butter rösten, bis sie Farbe bekommen.
5. Den Senf auf dem gerösteten Brot verstreichen. Schinken und die Hälfte des Käses auf 2 Brotscheiben geben. Auf ein mit Backpapier belegtes Backblech legen.
6. Die zweite Scheibe Brot darauflegen. Sauce daraufgeben und mit dem restlichen Käse bestreuen.
7. In der Mitte des Ofens etwa 5 Minuten überbacken.
8. In der Zwischenzeit die Eier mit etwas Butter »Sunny side up« mit flüssigem Eigelb braten.
9. Die Eier auf die Sandwiches legen, wenn sie aus dem Ofen kommen.
10. Mit Schnittlauch bestreut servieren.

*Croque Madame*

# Boiled Eggs & Soldiers

Die Kunst des perfekt gekochten Eis zeigt sich deutlich in diesem einfachen Frühstücksgericht. Das Innere der Eier sollte cremig flüssig sein, damit Sie die gerösteten Brotstangen hineintauchen und Eiweiß und Eigelb damit aufnehmen können.

**2 Portionen**

1 Schalotte, fein gehackt
Salz
100 g Butter
½ Sardelle, fein gehackt
1 EL fein gehackter Thymian
1 EL fein gehackter Schnittlauch
2 Schalotten, in Scheiben geschnitten
1 TL Weißweinessig
2 TL Olivenöl
1 Topf Brunnenkresse, gezupft
2 Eier
4 Scheiben weißes Kastenbrot

1. Die gehackte Schalotte mit etwas Salz und 1 TL Butter in einer Pfanne kurz anbraten.
2. Dann mit 50 g Butter, Sardelle, Thymian und Schnittlauch zu einer Kräuterbutter vermengen. In den Kühlschrank stellen. Etwa 20 Minuten vor dem Servieren herausnehmen.
3. In einer Schüssel die in Scheiben geschnittenen Schalotten mit dem Essig, dem Öl und etwas Salz vermischen. Etwa 10 Minuten stehen lassen. Kurz vor dem Servieren mit der Kresse vermengen.
4. 2 6-Minuten-Eier kochen, siehe Seite 8.
5. Das Brot in Stäbchen schneiden und in der übrigen Butter in einer Pfanne braten. Leicht abkühlen lassen.
6. Die Eier mit dem Kressesalat, der Kräuterbutter und knusprigen Brotstangen servieren.

# Eier Benedict

Es gibt verschiedene Geschichten über den Ursprung von Eier Benedict, dem König der Brunch-Gerichte. Einige sagen, dass das Sandwich mit den beiden pochierten Eiern und der cremigen Sauce hollandaise bis Ende des 19. Jahrhunderts zurückreicht, als das Gericht »Eggs à la Benedick« in einem Kochbuch von Küchenchef Charles Ranhofer erschien, der damals Koch bei Delmonico's in New York war.
Eine andere, vielleicht etwas lustigere Geschichte handelt vom New Yorker Finanzier Lemuel Benedict, der in den 1940er-Jahren nach einer langen Partynacht zum Frühstück ins Waldorf Hotel kam. Er bat um einen gebutterten Toast mit zwei pochierten Eiern, Speck und Hollandaise. Das Gericht fand Anklang bei den Köchen in der Küche, und nach einigen Optimierungen landeten Eier Benedict auf der Speisekarte - getoasteter englischer Muffin mit Schinken anstelle von Speck, pochierten Eiern und cremiger Sauce hollandaise.
Mit Brioche-Brot (siehe Seite 57) kann dieses Rezept noch weiter verfeinert werden. Es ist ein etwas buttrigeres Toastbrot, das wirklich schön knusprig wird.

**2 Portionen**

4 pochierte Eier, siehe Seite 16
1 Portion Sauce hollandaise, siehe Seite 37
2 Scheiben Brioche-Brot, siehe Seite 127
30 g Butter
100 g gekochter Schinken
½ EL fein gehackter Schnittlauch
Salzflocken

1. Die Eier pochieren.
2. Die Sauce hollandaise zubereiten.
3. Das Brot gut in Butter anbraten, sodass es knusprig wird und einen kräftigen Geschmack erhält.
4. Das Brot mit Schinken, Ei und Sauce hollandaise belegen.
5. Mit Schnittlauch und Salzflocken bestreut servieren.

# Eier Florentine

Einfach den Schinken durch 200 g gedünsteten Blattspinat ersetzen.

# Brioche-Brot

**2 Brote**

1 Portion Brioche-Teig, siehe Seite 127

1. Den Teig nach dem Grundrezept zubereiten.
2. Die Teigschüssel mit Frischhaltefolie abdecken und 8 Stunden bei Zimmertemperatur gehen lassen.
3. Den Teig in gefettete längliche Backformen (1 l) füllen.
4. Mit einem Backtuch oder Frischhaltefolie abdecken, die Folie lose auf der Oberfläche liegen lassen, damit sie beim Aufgehen nicht am Teig haften bleibt. 1 Stunde bei Zimmertemperatur ruhen lassen.
5. Den Backofen auf 225 °C (Ober-/Unterhitze) vorheizen.
6. In der Mitte des Ofens etwa 40 Minuten backen. In den Formen abkühlen lassen.

*Eier Florentine*

# Eier Benedict mit Pilzen und Fenchel-Hollandaise

**2 Portionen**

4 pochierte Eier, siehe Seite 16
1 Portion Sauce hollandaise, siehe Seite 37
½ TL fein zerstoßene Fenchelsamen
2 Scheiben Brioche-Brot, siehe Seite 127
Butter
Salzflocken
400 g Austernpilze
Abrieb von ½ unbehandelten Zitrone

1. Die Eier pochieren.
2. Die Sauce hollandaise zubereiten und die Fenchelsamen unterrühren.
3. Das Brot kräftig in Butter anbraten. Dadurch wird es besonders schmackhaft und knusprig.
4. Die Pilze in reichlich Butter braten, bis sie schön gebräunt sind. Salzen und den Zitronenabrieb untermischen.
5. Die Brotscheiben mit den Pilzen und den Eiern belegen und die Sauce hollandaise darauf verteilen.

# Eier Benedict mit Lachs und Meerrettich-Hollandaise

**2 Portionen**

4 pochierte Eier, siehe Seite 16
1 Portion Sauce hollandaise, siehe Seite 37
1 EL Zitronensaft
1 EL fein gehackter Dill
1 TL fein geriebener Meerrettich
2 Scheiben Brioche-Brot, siehe Seite 127
Butter
250 g grüner Spargel
Salzflocken
4 Scheiben Räucherlachs

1. Die Eier pochieren.
2. Die Sauce hollandaise zubereiten. Den Zitronensaft, den Dill und den Meerrettich unterrühren.
3. Das Brot kräftig in Butter anbraten. Dadurch wird es besonders schmackhaft und knusprig.
4. Den unteren holzigen Teil der Spargelstangen abbrechen. Den Spargel der Länge nach teilen. In einer Pfanne in Butter anbraten. Salzen.
5. Das Brot mit dem Spargel, dem Lachs, den Eiern und der Sauce hollandaise belegen.

LE CREUSET

# Shakshuka

Huevos Rancheros und Shakshuka sind leicht zu verwechseln, aber sie schmecken völlig unterschiedlich und haben unterschiedliche Ursprünge. Dieses Gericht aus der nordafrikanischen und israelischen Küche mit dem Geschmack von Safran, scharfem Harissa, Kreuzkümmel und Koriander wird mit Toast oder Pitabrot serviert. Die Eier werden in der Tomatensauce pochiert, die eine Menge karamellisierter gelber Zwiebeln sowie grüne und süße rote Paprikaschoten enthält.

**2 Portionen**

1 TL ganzer Kreuzkümmel
1 TL ganze Koriandersamen
½ TL Kurkumapulver
1 TL Paprikapulver
3–4 Fäden Safran
2 gelbe Zwiebeln, fein gehackt
Olivenöl
1 rote Paprikaschote, entkernt und gewürfelt
1 grüne Paprikaschote, entkernt und gewürfelt
½ Knoblauchzehe, fein gehackt
1 TL Harissapaste
2 Dosen gehackte Tomaten
Salz und frisch gemahlener schwarzer Pfeffer
2–4 Eier
1 Bund Koriander, Blättchen gezupft und gehackt
1 Bund Minze, Blättchen gezupft und gehackt

1. Die Gewürze in einem Mörser zerkleinern.
2. Die Zwiebeln in Olivenöl in einer Pfanne etwa 10 Minuten anbraten, bis sie süßlich und goldbraun karamellisiert sind.
3. Die Paprikaschoten zusammen mit den Gewürzen, dem Knoblauch und der Harissapaste hinzufügen. Etwa 5 Minuten anbraten, bis das Gemüse langsam weich wird.
4. Die gehackten Tomaten und 200 ml Wasser zugeben. Mit Salz und Pfeffer würzen.
5. Etwa 15 Minuten abgedeckt köcheln lassen und abschmecken.
6. Mulden in der Sauce formen und die Eier hineinschlagen. Bei geringer Temperatur etwa 8–10 Minuten garen, bis die Eier fertig sind.
7. Die Kräuter untermischen und das Shakshuka mit Pitabrot oder geröstetem Sauerteigbrot servieren.

# Sandwiches

Ein Ei auf einem Sandwich kann unendlich variiert werden. Klassisch hart gekocht in Scheiben, weich gekocht und über das Sandwich laufend, gebraten, pochiert, gehackt … Eine geröstete Scheibe Sauerteigbrot mit Avocadocreme, Ei und Dukkha in einem Café in Bushwick und ein klassischer Buttertoast mit Speck und Spiegeleiern im Towpath Café in East London gehören zu den denkwürdigsten Urlaubserinnerungen. Die Frühstücks-Sandwiches haben alle eines gemeinsam – ein perfekt gekochtes Ei.

## Ei-Avocado-Sandwich

**1 Sandwich**

1 Scheibe weißes Sauerteigbrot
1 EL Olivenöl
½ Avocado
1 Spritzer Zitronensaft
1 gekochtes 6-Minuten-Ei, siehe Seite 8
1 TL gerösteter Sesam, im Mörser zerkleinert
Salzflocken

1 Das Brot im Olivenöl in einer heißen Pfanne gut anrösten. Dadurch wird es besonders schmackhaft und knusprig.
2 Die Avocado mit einer Gabel zerdrücken und den Zitronensaft unterrühren.
3 Das Brot etwas abkühlen lassen und mit Avocadocreme und einem Ei belegen. Das Ei aufschneiden, damit das Eigelb über das Sandwich fließt. Mit Sesam und Salz bestreuen.

## Ei-Tomaten-Levainbrot

**1 Sandwich**

1 Scheibe Levainbrot (weißes Sauerteigbrot)
2 EL Olivenöl
1 gekochtes 7-Minuten-Ei, siehe Seite 8, in Scheiben geschnitten
2 Tomaten, in Scheiben geschnitten
Basilikumblätter
Salzflocken
frisch gemahlener schwarzer Pfeffer

1 Das Brot in 1 EL Olivenöl in einer heißen Pfanne gut anrösten. Dadurch wird es besonders schmackhaft und knusprig.
2 Das Brot etwas abkühlen lassen und abwechselnd mit den Tomatenscheiben, den Eierscheiben und Basilikum belegen.
3 Mit 1 EL Olivenöl beträufeln und mit Salz und Pfeffer bestreuen.

# Ei-Körbchen

**1 Sandwich**

1 Scheibe weißes Kastenbrot
30 g Butter
1 Ei
Salzflocken
HP-Sauce, siehe Seite 74
Ketchup, siehe Seite 75

1. Die Mitte der Brotscheibe mit einem Glas oder Ähnlichem kreisförmig ausstanzen.
2. Die Butter in einer Pfanne schmelzen lassen. Das Brot in der Butter braten, bis es goldbraun ist und duftet.
3. Das Ei in das Loch aufschlagen und bei geringerer Temperatur braten lassen, bis das Eiweiß fest und das Eigelb noch cremig ist.
4. Mit Salz bestreuen und mit HP-Sauce und Ketchup servieren.

# Stutenbrot-Sandwich mit Ei und Fleischwurst

**1 Sandwich**

6–8 Scheiben Fleischwurst
30 g Butter
1 Ei
Salzflocken
frisch gemahlener schwarzer Pfeffer
1 Scheibe Stutenbrot
Ketchup und Senf

1. Die Fleischwurst in der Hälfte der Butter in einer Pfanne anbraten. Herausnehmen.
2. Dann das Ei auf einer Seite braten, sodass das Eiweiß etwas Farbe bekommt und am Rand knusprig wird. Salzen und pfeffern.
3. Das Brot mit der übrigen Butter bestreichen und mit Wurstscheiben und dem Spiegelei belegen.
4. Mit Ketchup und Senf bestreichen.

Ei-Thunfisch-Avocado-Sandwich

Roggenbrot mit Ei
und Sardellen

Roggenbrot mit Ei
und Mayo

Stutenbrot-Sandwich mit
Ei und Fleischwurst

Knäckebrot mit Kartoffel, Ei und Kaviarcreme
Ei-Avocado-Sandwich
Ei-Tomaten-Levainbrot
Ei-Körbchen

# Knäckebrot mit Kartoffel, Ei und Kaviarcreme

**1 Sandwich**

2 große festkochende Kartoffeln
1 Stück gutes Knäckebrot
15 g Butter
1 gekochtes 7-Minuten-Ei, siehe Seite 8, in Scheiben geschnitten
1 EL Kaviarcreme (online erhältlich)
Dill

1. Die Kartoffeln kochen. Abkühlen lassen. Dann pellen und in Scheiben schneiden.
2. Das Knäckebrot mit der Butter bestreichen.
3. Die Kartoffeln und die Eierscheiben abwechselnd auf das Brot legen.
4. Die Kaviarcreme daraufgeben und mit Dill bestreuen.

# Roggenbrot mit Ei und Sardellen

**1 Sandwich**

1 Scheibe Roggenbrot
15 g Butter
1 gekochtes 7-Minuten-Ei, siehe Seite 8, geachtelt
4 Sardellenfilets
½ EL Schnittlauchröllchen

1. Das Roggenbrot mit der Butter bestreichen.
2. Das Sandwich abwechselnd mit Ei und Sardellen belegen. Mit Schnittlauch bestreuen.

# Ei-Thunfisch-Avocado-Sandwich

**1 Sandwich**

1 Scheibe weißes Sauerteigbrot
1 EL Olivenöl
40 g Thunfisch aus der Dose
2 EL Vollei-Mayonnaise, siehe Seite 37
2 TL Harissapaste oder Gochujang (koreanische Chilipaste)
Salzflocken
½ Avocado
1 gekochtes 6-Minuten-Ei, siehe Seite 8, halbiert
Chiliflocken

1 Das Brot im Olivenöl in einer heißen Pfanne rösten. Es sollte viel Farbe bekommen, das bringt Geschmack ins Sandwich.
2 Den Thunfisch, die Mayonnaise und die Harissapaste verrühren. Mit Salz abschmecken.
3 Die Avocado in dünne Scheiben schneiden und auf das geröstete Brot legen. Mit der Thunfischmasse und dem Ei belegen.
4 Mit Chili- und Salzflocken bestreuen.

# Roggenbrot mit Ei und Mayo

**1 Sandwich**

2 gekochte 9-Minuten-Eier, siehe Seite 8
2 EL Vollei-Mayonnaise, siehe Seite 37
½ TL Dijon-Senf
1 Scheibe Roggenbrot
1 EL Schnittlauchröllchen
Salzflocken

1 Die Eier grob hacken. Mit der Mayonnaise und dem Dijon-Senf vermischen.
2 Das Roggenbrot mit der Eimasse bestreichen und mit Salzflocken und Schnittlauch bestreuen.

Ein Rezept, das man in weiten Teilen Chinas von Kindheit an kennt – Eier, Tomaten und Chiliöl.
Eine Umami-Bombe und das perfekte Wochenendfrühstück.

*Ei und Tomate mit Crunchy Chiliöl*

# Ei und Tomate mit Crunchy Chiliöl

**4 Portionen**

8 Eier
3 EL Speiseöl
4 Tomaten, in Spalten geschnitten
4 Frühlingszwiebeln, in Ringe geschnitten
½ TL Salz
gekochter Reis zum Servieren

1 Die Eier verrühren. Eine große Pfanne oder einen Wok erhitzen. Die Eier und 1 EL Öl hineingeben und zu einem groben Rührei braten. Auf einem Teller beiseitestellen.
2 2 EL Öl, die Tomaten und die Frühlingszwiebeln in die Pfanne geben. Umrühren, bis die Tomaten weich sind. 3 EL Wasser und das Salz hinzufügen. Das Rührei unterrühren und sofort mit gekochtem Reis und Crunchy Chiliöl (siehe unten) servieren.

# Crunchy Chiliöl

**Etwa 500 ml**

400 ml neutrales Rapsöl
1 gelbe Zwiebel, fein gehackt
8 Knoblauchzehen, fein gehackt
4 Frühlingszwiebeln, fein gehackt
1 ½ EL grob gehackter Ingwer
3 Sternanis
1 Zimtstange
3 Lorbeerblätter
15 g scharfe Chiliflocken
45 g Gochugaru (koreanische Chiliflocken)
2 EL Röstzwiebel
1 EL Sesamöl
3 EL japanische Sojasauce
2 TL Salz

1 Das Öl bei niedriger Temperatur zusammen mit der Zwiebel, dem Knoblauch, den Frühlingszwiebeln, dem Ingwer, dem Sternanis, dem Zimt und den Lorbeerblättern erhitzen.
2 Etwa 15 Minuten köcheln lassen, bis das Öl Geschmack angenommen hat und die Zwiebel etwas gebräunt ist.
3 Die Chiliflocken, die Röstzwiebeln, das Sesamöl, die Sojasauce und das Salz in eine Metallschüssel geben.
4 Das heiße Öl vorsichtig darübergießen. Es kann ein wenig spritzen, aber dann weiß man, dass das Öl heiß genug ist, um den Geschmack des Chilis anzunehmen.
5 Verrühren und abkühlen lassen. Die Lorbeerblätter, den Sternanis und die Zimtstange herausnehmen. Das Öl in ein Glas füllen und im Kühlschrank aufbewahren.

# Jianbing

Jianbing ist traditionelles chinesisches Street Food, ähnlich wie Crêpes, und ein beliebtes Frühstück in China. Pfannkuchen und Ei in ein und demselben Gericht, das unterwegs als Wrap gegessen wird. Wenn man den Profis dabei zusieht, wie sie mit schnellen Bewegungen den Teig mit ihrem speziellen Holzstabwerkzeug, das man auch in Frankreich für Crêpes verwendet, auf einem heißen Crêpe-Eisen verteilen, sieht es ganz einfach aus – aber um diese Crêpes zu Hause zu machen, muss man schon zu einigen Tricks greifen. Am einfachsten geht es mit einer Crêpepfanne, aber es funktioniert auch mit einer anderen Pfanne mit relativ niedrigem Rand. Ich verwende einen Silikonspatel oder einen hitzebeständigen Teigschaber, um den dickflüssigen Teig in der Pfanne zu verteilen.

**4 Portionen (8 Crêpes)**

**Teig**
120 g Weizenmehl
65 g Reismehl
80 g Kichererbsenmehl
1 ½ EL Maisstärke
50 ml neutrales Rapsöl
½ TL Salz

**Topping**
2 EL Speiseöl
400 g fester Tofu
1 Knoblauchzehe, fein gehackt
2 TL fein gehackter Ingwer
2 EL japanische Sojasauce
4–8 Eier
4 EL Hoisin-Sauce
2 Frühlingszwiebeln, in feine Ringe geschnitten
2 EL gerösteter Sesam
½ Gurke, in Julienne geschnitten
20 g Korianderblättchen, gehackt

**Teig**

1. Alle Mehlsorten mit 550 ml kaltem Wasser, dem Öl und dem Salz zu einem glatten Teig verquirlen. Der Teig sollte etwas dicker sein als normaler Pfannkuchenteig, damit er leicht mit einem Spatel in der heißen Pfanne verteilt werden kann.
2. Etwa 10 Minuten quellen lassen.

**Topping**

3. Eine Pfanne mit dem Öl erhitzen. Den Tofu in die Pfanne bröseln und knusprig anbraten.
4. Den Knoblauch, den Ingwer und die Sojasauce hinzufügen. Schnell unter den Tofu rühren, damit er nicht anbrennt. Vom Herd nehmen.
5. Eine Pfanne mit Antihaftbeschichtung erhitzen. Am besten eine mit niedrigem Rand (z. B. Crêpepfanne), sonst wird es schwierig, den Teig zu verteilen.
6. Eine Kelle Teig hineingießen und schnell mithilfe eines Spatels oder Teigschabers in der Pfanne verteilen.
7. Wenn der Teig fest ist, ein Ei darüber aufschlagen und auf dem Pfannkuchen verstreichen.
8. Die Hoisin-Sauce auf den Pfannkuchen pinseln, wenn das Ei fest geworden ist, und dann einen großen Löffel Topping in die Mitte geben. Mit Frühlingszwiebeln, Sesam, Gurkenstreifen und Koriander bestreuen. Zu einem Päckchen falten und servieren.

# Braune Sauce HP-Style

Nach mehreren Jahren in England mit Cumberland Sausage und Ei, English Breakfast und Bacon Sandwiches steht bei mir immer eine Flasche mit dieser säuerlichen, würzigen, braunen Sauce in meinem Kühlschrank. Wenn man dieser Sauce einmal verfallen ist, ist es schwer vorstellbar, Spiegeleier ohne sie zu essen. HP ist die klassischste aller Saucen, aber es gibt jede Menge Kopien und Varianten. Wichtig beim Selberkochen ist, dass man den leicht pfeffrigen Geschmack und das typische Gleichgewicht zwischen Süße und Säure trifft.

**600 ml**

90 g Tomatenmark
250 ml Apfelsaft
300 ml Apfelessig
65 g Backpflaumen, entsteint
5 getrocknete Datteln, entsteint
4 EL getrocknete gehackte Tamarinde (in Asialäden erhältlich)
170 g dunkler Muscovado-Zucker
1 gelbe Zwiebel, geachtelt
1 Knoblauchzehe, abgezogen
1 EL fein geriebener Ingwer
2 ½ TL schwarze Pfefferkörner
6 Gewürznelken
2 Muskatblüten
6 Pimentkörner
5 Kardamomkapseln
1 TL Senfpulver
1 Prise Senfkörner
2 TL Salz
2 EL Essig, 12 %
3 EL Worcestershiresauce
2 EL Fischsauce

1. Alle Zutaten in einem Topf vermischen und zugedeckt zum Kochen bringen. 10 Minuten köcheln lassen.
2. Mit dem Stabmixer zu einer glatten Masse mixen und zugedeckt weitere 30 Minuten köcheln lassen.
3. In sterile Flaschen füllen, zuschrauben und abkühlen lassen. Kühl lagern.

# Ketchup

**400 ml**

125 g Tomatenmark
100 ml Apfelessig
85 g heller Muscovado-Zucker
½ gelbe Zwiebel, geachtelt
1 Gewürznelke
2 Pimentkörner
1 EL Worcestershiresauce
1 TL Salz

1 Alle Zutaten zusammen mit 200 ml Wasser in einem Topf vermischen und zugedeckt zum Kochen bringen. 10 Minuten köcheln lassen.
2 Mit dem Stabmixer zu einer glatten Sauce mixen und zugedeckt weitere 30 Minuten köcheln lassen.
3 In sterile Flaschen füllen, zuschrauben und abkühlen lassen. Kühl lagern.

**Tipp!**
Hier spielt die Wahl des Tomatenmarks eine entscheidende Rolle für das Endergebnis. Wählen Sie eine italienische Marke, die einen konzentrierten Tomatengeschmack hat. Für Chilisauce: 1 entkernte, fein gehackte rote Chilischote und ½ Knoblauchzehe dazugeben. Zusammen mit den anderen Zutaten kochen lassen.

# Senf

**Etwa 200 ml**

60 g Senfpulver
1 EL gelbe Senfkörner
1 EL braune Senfkörner
2 EL Maisstärke
2 EL Weißweinessig
1 EL Zucker
2 EL Rapsöl
1 TL Salz

1 Das Senfpulver, die Senfkörner, die Maisstärke und 150 ml Wasser in einem Topf verrühren. Am besten mit einem Schneebesen, damit keine Klümpchen entstehen.
2 Den Essig, den Zucker, das Öl und das Salz unterrühren. In ein steriles Glas füllen und abkühlen lassen.
3 Mindestens 3 Tage im Kühlschrank ruhen lassen, damit der Senf einen guten Geschmack und eine gute Konsistenz bekommt.

# Pizza mit Ei

Wenn Sie jemals ein unvergleichliches Pizza-Erlebnis mit einem knusprigen Boden und einem perfekten Teigrand an der Grenze zum Verbrannten, der köstliche große Blasen wirft, hatten, dann wissen Sie (leider), dass Sie es nie schaffen werden, so etwas zu Hause zu machen. Denn wer kann schon einen großen Steinofen in seiner Küche unterbringen? Der beste Trick, um eine unglaublich gute Pizza ohne Steinofen zu machen, ist die Verwendung eines Pizzasteins. Damit kann man die Temperatur im Backofen deutlich erhöhen, damit der Teig schnell knusprig wird und mit dem Belag aufblubbert. Wenn Sie keinen Pizzastein haben, können Sie ein Blech im Ofen erhitzen und die ungebackene Pizza auf das heiße Blech geben. Der Teig bekommt dann einen Schock und reagiert sofort - das Ergebnis ist ein knuspriger Boden. Der Teig wird am besten, wenn er kalt geht und am nächsten Tag gebacken wird.

Man kann Pizzateig auch einfrieren. Dazu den Teig zu Kugeln formen, in Frischhaltefolie wickeln und einfrieren. Dann die Teigkugeln mindestens 8 Stunden vor dem Gebrauch aus dem Gefrierschrank nehmen und im Kühlschrank auftauen lassen. Danach bei Zimmertemperatur etwa 2 Stunden gehen lassen. Dann einfach ausrollen und belegen.

Pizza mit Ei ist genial. Sie bekommen alles, was Sie zum Frühstück oder Brunch brauchen: knuspriges Brot, Käse, Eier und vielleicht etwas Speck oder Pancetta.

**Teig für 8 kleine oder 4 normal große Pizzen**

¼ Würfel frische Hefe (etwa 10 g)
400 g Weizenmehl + mehr zum Bemehlen
1 TL Salz
1 EL Olivenöl

1. Die Hefe in eine Schüssel zerbröseln. Mit 400 ml Wasser verrühren.
2. Das Mehl hineingeben und alles zu einem glatten Teig arbeiten. Gegen Ende das Salz einarbeiten.
3. Eine große Schüssel mit dem Öl einstreichen. Den Teig hineinlegen und mit Frischhaltefolie abdecken. Über Nacht bei Zimmertemperatur gehen lassen.
4. Den Teig auf eine bemehlte Arbeitsfläche geben und in 8 Stücke teilen (jedes sollte etwa 100 g wiegen). So viele Pizzen backen, wie gebraucht werden, den Rest des Teigs einfrieren.

# Pizza Bianca mit Pancetta und Radicchio

**2 Pizzen**

½ Portion Pizzateig, siehe Seite 76
100 g Crème fraîche
1 gelbe Zwiebel, in Scheiben geschnitten
Abrieb von ½ unbehandelten Zitrone
1 Msp. gerebelter Thymian
50 g Radicchio-Salat, klein geschnitten
125 g Büffelmozzarella, in Stücke gezupft
50 g geriebener Comté oder Gruyère
30 g fein geriebener Parmesan + mehr zum Bestreuen
100 g Pancetta, in Scheiben geschnitten
2 Eier
Salzflocken und frisch gemahlener schwarzer Pfeffer

1. Den Backofen auf 275 °C (Ober-/Unterhitze) vorheizen.
2. Ein Backblech oder einen Pizzastein in die Mitte des Ofens legen.
3. Den Pizzateig zu runden Fladen ausrollen und mit Crème fraîche bestreichen.
4. Mit den Zwiebeln belegen und mit dem Zitronenabrieb und dem Thymian bestreuen.
5. Den Salat und anschließend den Mozzarella, den Comté und den Parmesan auf den Fladen verteilen. Mit den Pancettascheiben abschließen.
6. Eine kleine Mulde in die Mitte des Belags drücken und 1 Ei darin aufschlagen.
7. Die Pizza mit einem Pizzaschieber oder einem Holzbrett auf das Blech oder den Stein legen.
8. Etwa 8 Minuten backen. Das Eiweiß sollte gerade fest werden, aber das Eigelb noch cremig sein.
9. Mit zusätzlichem Parmesan, Salz und Pfeffer bestreuen.

# Pizza mit Chorizo und Spinat

**2 Pizzen**

½ Knoblauchzehe, fein gerieben
2 EL Olivenöl
1 ½ EL Tomatenmark
½ Dose gehackte Tomaten
Salzflocken und frisch gemahlener schwarzer Pfeffer
200 g frischer Blattspinat
½ Portion Pizzateig, siehe Seite 76
125 g Büffelmozzarella, in Stücke gezupft
120 g luftgetrocknete Chorizo, in Scheiben geschnitten
100 g geriebener Käse, z. B. Gouda oder Edamer
2 Eier

1. Den Knoblauch im Öl zusammen mit dem Tomatenmark 1 Minute anbraten.
2. Die gehackten Tomaten dazugeben und etwa 10 Minuten köcheln lassen. Mit Salz und Pfeffer würzen. Abkühlen lassen.
3. Den Spinat mit etwas Wasser in einer Pfanne sautieren. Beiseitestellen.
4. Den Backofen auf 275 °C (Ober-/Unterhitze) vorheizen.
5. Ein Backblech oder einen Pizzastein in die Mitte des Ofens legen.
6. Den Pizzateig zu runden Fladen ausrollen und mit der Tomatensauce bestreichen.
7. Den Mozzarella auf der Tomatensauce verteilen.
8. Mit der Chorizo und dem Spinat belegen. Zum Schluss mit geriebenem Käse bestreuen.
9. Eine kleine Mulde in die Mitte des Belags drücken und 1 Ei darin aufschlagen.
10. Die Pizza mit einem Pizzaschieber oder einem Holzbrett auf das Blech oder den Stein legen.
11. Etwa 8 Minuten backen. Das Eiweiß sollte gerade fest werden, aber das Eigelb noch cremig sein.
12. Mit Salz und Pfeffer bestreuen.

# KLASSIKER

# Galette complète

Knusprige Galette aus Buchweizenteig, cremig geschmolzener Käse, geräucherter Schinken und flüssiges Eigelb. Aber seien Sie darauf gefasst, dass nicht alle am Tisch gleichzeitig essen können, denn schließlich haben die meisten Menschen nicht mehr als eine Crêpepfanne oder ein Crêpe-Eisen zu Hause.

**8 Galettes**

**Teig**
175 g Buchweizenmehl
1 Ei
½ TL Salz
Butter

**Füllung**
8 Scheiben geräucherter Schinken
120 g geriebener Gruyère oder Comté
4 Eier
Salz und frisch gemahlener schwarzer Pfeffer
Dijon-Senf

1. Das Mehl und 350 ml Wasser in einer Schüssel verrühren. Das Ei und das Salz unterrühren.
2. Den Teig etwa 10 Minuten stehen lassen.
3. Die Galettes mit etwas Butter in einer Crêpepfanne braten.
4. Nicht zu viel Teig in die Pfanne geben, damit sie sehr dünn werden.
5. Die fertig gebratene Galette in der Pfanne mit 2 Schinkenscheiben und etwa 15 g geriebenem Käse belegen. Eine kleine Mulde in den Käse drücken und 1 Ei darin aufschlagen. Die Ränder der Galette einklappen und alles bei niedriger Temperatur braten, bis der Käse geschmolzen und das Eiweiß gestockt ist. Das Eigelb sollte aber immer noch flüssig sein. Mit Salz und Pfeffer würzen.
6. Die Gallettes nacheinander braten und sofort servieren. Dazu schmeckt Dijon-Senf.

# Schwedischer Eierkuchen mit Schweinebauch

Nach Meinung vieler Schweden, besonders meines Nachbarn Kjell aus Südschweden, ein Muss mit kalt geräuchertem Schweinebauch, dessen leichte Säure das Aroma des Eierkuchens schön bricht. Ich nehme aber meistens gepökelten Schweinebauch, weil es schwierig sein kann, kalt geräucherten zu bekommen.

**4–6 Portionen**

8 Eier
70 g Weizenmehl
300 ml Vollmilch
350 g flüssige Sahne
1 TL Salz
400 g kalt geräucherter oder gepökelter Schweinebauch, in dünnen Scheiben
25 g Butter
75 g Preiselbeeren

1. Die Eier, das Mehl, die Milch, die Sahne und das Salz zu einem glatten Teig verrühren.
2. Den Schweinebauch in einer großen Pfanne bei mittlerer Temperatur braten, bis er knusprig ist. Aus der Pfanne nehmen und beiseitestellen.
3. Die Hälfte der Butter in der heißen Pfanne schmelzen und dann den Teig hineingießen.
4. Während des Bratens den Teig mehrmals mit einem Pfannenwender vom Rand in die Mitte ziehen, sodass der ungebackene Teig auf den Boden der Pfanne sinkt.
5. Die Temperatur senken und den Eierkuchen auf der Oberseite fest werden lassen.
6. Wenn er fast fest ist, mithilfe eines Tellers wenden.
7. Wieder etwas Butter in die Pfanne geben und den Eierkuchen vom Teller zurück in die Pfanne gleiten lassen und braten, bis er vollständig gestockt ist.
8. Die Schweinebauchscheiben auf den Eierkuchen legen, damit sie wieder etwas warm werden und dann, mit den Preiselbeeren bestreut, servieren.

# Steak Tatar

Das absolut beste Fleisch für das vielerorts beliebte Steak Tatar ist die Oberschale vom Rind, die mager ist, aber dennoch viel Geschmack hat. Man kann natürlich auch Rinderfilet für eine besonders luxuriöse Variante verwenden, aber der Fleischgeschmack wird damit etwas neutraler. Wenn Sie hingegen das Fleisch schaben möchten, anstatt es zu hacken oder durchzudrehen, ist Rinderfilet etwas einfacher zu handhaben als die Oberschale. Das Fleisch wird sorgfältig von den Sehnen befreit, sodass das Tatar weich und zart wird. Ich drehe das Fleisch zweimal mit der feinsten Scheibe durch den Fleischwolf. Im Anschluss bearbeite ich das Fleisch nicht zu viel, sondern forme es nur locker zu einem Steak Tatar - ansonsten kann es sich leicht in einen klebrigen Teig verwandeln. Das Fleisch und der Fleischwolf sollten kalt sein. Legen Sie daher Letzteren vor dem Gebrauch für eine Weile in den Gefrierschrank. Und verwenden Sie immer nur frisch gehacktes Fleisch für Steak Tatar.

**4 Portionen**

600 g Oberschale vom Rind
4 Eigelb
50 g eingelegte Rote Bete, gewürfelt
50 g eingelegte Gurken, gewürfelt
1 kleine gelbe Zwiebel, fein gehackt
4 EL fein geriebener Meerrettich
6 EL Kapern
2 EL Dijon-Senf
Salzflocken und frisch gemahlener schwarzer Pfeffer

1. Das Fleisch durch den Fleischwolf drehen. Zu vier Pattys formen, ohne das Fleisch dabei zu sehr zu bearbeiten, es sollte nicht von den Händen erwärmt werden.
2. Die Steaks Tatar auf Teller legen, in die Mitte eine kleine Vertiefung drücken und je 1 Eigelb hineingeben.
3. Die übrigen Zutaten um die Steaks Tatar herum anrichten und sofort servieren. Entweder man nimmt von allem etwas auf die Gabel oder kombiniert die Zutaten nach Belieben, oder man vermengt alles auf dem Teller. Ich bevorzuge die letztere Variante, denn dann bekommt man alles auf einmal in den Mund.

# Steak Tatar mit konfiertem Eigelb

Konfieren ergibt das absolut cremigste Eigelb. Sie kennen vielleicht eher konfierte Ente oder Schweinefleisch, aber konfiertes Eigelb, das eine Weile bei niedriger Temperatur mit Öl bedeckt war, wird ganz fantastisch. Diese Variante nimmt zwar etwas mehr Zeit in Anspruch als die Verwendung von rohem Eigelb, aber das Ergebnis ist wie eine cremige Mayonnaise aus purem Ei, ohne Öl.

**4 Portionen**

6 Eigelb
400 ml neutrales Raps- oder Sonnenblumenöl
600 g Oberschale vom Rind oder Kalb, geputzt
4 Schalotten, fein gehackt
4 EL Dijon-Senf
3 EL grob gehackte Kapern
3 EL fein gehackte Cornichons
½ Schale Gartenkresse
1 Schale Shiso-Kresse oder 1 Bund Thai-Basilikum
2 EL Schnittlauchröllchen
2 EL Olivenöl, pfeffriges Aroma
Salzflocken und frisch gemahlener schwarzer Pfeffer

1. Den Backofen auf 75 °C (Ober-/Unterhitze) vorheizen.
2. Eine kleine Auflaufform oder einen kleinen ofenfesten Topf mit Öl füllen und die Eigelbe hineingeben. Sie sollten vollständig mit Öl bedeckt sein.
3. In der Mitte des Ofens etwa 45 Minuten backen.
4. Die Eigelbe herausnehmen und abkühlen lassen. In der Zwischenzeit das Fleisch zubereiten.
5. Dann das Eigelb zu einer Creme verquirlen. Diese in einen Spritzbeutel füllen.
6. Das Fleisch durch den Fleischwolf drehen. Mit den Schalotten, 2 EL Senf, den Kapern und den Cornichons vermischen und zu 4 Pattys formen. Das Fleisch dabei nicht zu sehr bearbeiten, es sollte nicht von den Händen erwärmt werden.
7. Die Eiercreme auf die Steaks spritzen und mit Kresse, Shiso und Schnittlauch bestreuen.
8. Olivenöl rundherum träufeln und mit einem Klecks Senf servieren. Mit Salz und Pfeffer abschmecken.

# Italienisches Steak Tatar

Hierfür sollte man nur wirklich gute Zutaten wählen. Es gibt eine Fülle von sonnengetrockneten Tomaten, Oliven und Kapern in den Läden. Wählen Sie eine Marke, die richtig hochwertige Ware produziert, das ist ausschlaggebend für das ganze Gericht.

**4 Portionen**

600 g Oberschale vom Rind oder Kalb, geputzt
4 Eigelb
50 g sonnengetrocknete Tomaten, fein gehackt
1 kleine rote Zwiebel, fein gehackt
6 EL Kapern
4 Sardellenfilets, fein gehackt
40 g schwarze Oliven, am besten Taggiasca
4 EL Kräuter, fein gehackt, z. B. Petersilie und Basilikum
30 g fein geriebener Parmesan
4 EL Olivenöl, pfeffriges Aroma
Salzflocken und frisch gemahlener schwarzer Pfeffer

**1** Das Fleisch durch den Fleischwolf drehen. Zu vier Pattys formen, ohne das Fleisch dabei zu sehr zu bearbeiten, es sollte nicht von den Händen erwärmt werden.
**2** Die Steaks Tatar auf Teller legen, in die Mitte eine kleine Vertiefung drücken und je 1 Eigelb hineingeben.
**3** Die übrigen Zutaten um die Steaks Tatar herum anrichten, mit Olivenöl beträufeln und mit Parmesan bestreuen. Mit Salz und Pfeffer würzen. Kapern, Oliven, Parmesan und Tomaten sind schon recht salzig. Schmecken Sie daher ab, wie viel zusätzliches Salz benötigt wird. Viel Pfeffer und das Olivenöl geben dem Gericht die richtige Würze.

**Tipp!**
Wenn Sie wirklich gutes Kalbfleisch verwenden, können Sie das Fleisch mit einem scharfen Messer schaben, um ein seidiges Steak Tatar zu erhalten, das im Mund schmilzt. Das dauert etwas länger, lohnt sich aber auf jeden Fall. Stellen Sie nur sicher, dass das Fleisch kalt ist. Teilen Sie es in kleinere Stücke, schaben Sie ein Stück nach dem anderen und lassen Sie die anderen so lange im Kühlschrank.

# Asiatisches Steak Tatar mit Gochujang-Mayonnaise

Dieses Steak Tatar hat einen etwas ausgeprägteren Geschmack, da es aus Entrecôte anstatt aus der mageren Oberschale oder aus Rinderfilet hergestellt wird. Entrecôte hat viele Fetteinschlüsse, was dem Tatar einen schönen Fleischgeschmack verleiht. Schneiden Sie etwas von dem gröbsten Fett weg, aber verwenden Sie den Rest. Es ist wichtig, dass sowohl der Fleischwolf als auch das Fleisch wirklich kalt sind, sonst besteht die Gefahr, dass das Fett durch die Reibung im Wolf schmilzt und das Fleisch zu einem fettigen Haufen wird. Man kann aber natürlich auch Oberschale verwenden.

**4 Portionen**

90 g Weizenmehl Type 405
1 ½ TL Backpulver
½ TL Salz
4 Schalotten, in feine Ringe geschnitten
270 ml neutrales Pflanzenöl zum Frittieren
50 g Mayonnaise (Vollei-Mayonnaise American Style, siehe Seite 37)
1 ½ EL Gochujang (koreanische Chilipaste)
3 EL Sesamsaat
600 g bestes Entrecôte (nicht alles Fett entfernen!)
4 EL japanische Sojasauce
1 ½ TL Sesamöl
2 TL geriebene Ingwerwurzel
2 TL Sriracha-Sauce
2 TL Reisessig
½ Bund Thai-Basilikum, Blättchen gezupft und gehackt
½ Bund Koriander, Blättchen gezupft und gehackt
½ Silberzwiebel, fein gehackt
Salzflocken und frisch gemahlener schwarzer Pfeffer

1. Das Mehl mit dem Backpulver und 1 Prise Salz mischen. Die Zwiebelringe mit Wasser leicht anfeuchten und darin wenden.
2. Das Öl in einem Topf auf 180 °C erhitzen und die Zwiebelringe darin goldbraun und knusprig rösten. Abtropfen lassen.
3. Die Mayonnaise mit der Gochujangpaste vermengen.
4. Den Sesam in einer heißen Pfanne ohne Fett rösten. Abkühlen lassen.
5. Das Fleisch zweimal durch einen kalten Fleischwolf drehen. Dann schnell mit der Sojasauce, dem Sesamöl und dem Ingwer vermischen.
6. Zu vier Pattys formen, die Ränder in dem gerösteten Sesam wenden und auf Teller legen.
7. Die Sriracha-Sauce und den Reisessig vermischen.
8. Auf die Steaks Tatar je einen Klecks Gochujang-Mayonnaise geben, die Sriracha-Sauce rundherum träufeln und die Zwiebelringe anlegen. Mit dem übrigen Sesam, den Kräutern, Silberzwiebel, Salzflocken und Pfeffer bestreuen.

# Pelle Janzon

Ein beliebter Klassiker aus dünn geklopftem Rinderfilet auf einem Toast mit Ei und Maränenrogen. Die ultimative Luxus-Vorspeise, benannt nach dem schwedischen Opernsänger Per Janzon, der es Ende des 19. Jahrhunderts ausgiebig genoss. Klopfen Sie das Rinderfilet entweder selbst flach, am besten mit einem Fleischklopfer, oder bitten Sie den Metzger Ihres Vertrauens, dies für Sie zu tun. Das Originalrezept enthält keinen Meerrettich, aber ich finde, er verleiht dem Gericht eine zusätzliche kräftige Note.
Das klassische Pelle Janzon wird mit hauchdünnen, fast durchscheinenden Scheiben ohne Marmorierung serviert. Ich mag es, wenn das Rinderfilet etwas marmoriert ist – das gibt dem Fleisch einen guten Geschmack. Es kann dann etwas schwieriger sein, das Fleisch dünn zu klopfen, da es dann um das Fett herum reißt. Nicht ganz so schön, aber schmackhafter.

**6 Portionen**

6 Scheiben weißes Kastenbrot
50 g Butter
6 Scheiben Rinderfilet à 50 g
100 g Maränenrogen (online erhältlich)
6 Wachteleier
2 EL Schnittlauchröllchen
1 rote Zwiebel, fein gehackt
1 EL fein geriebener Meerrettich
Salzflocken und frisch gemahlener schwarzer Pfeffer

1. Die Kanten der Brotscheiben abschneiden, sodass sie zu kleinen Quadraten von etwa 4 × 4 cm werden.
2. Die Brote goldbraun und knusprig in Butter anbraten. Auf Teller legen.
3. Die Rinderfiletscheiben zwischen zwei Lagen Frischhaltefolie legen.
4. Mit der Rückseite einer Pfanne oder einem Fleischklopfer vorsichtig zu dünnen Scheiben klopfen (1–2 mm dick).
5. Die Brote mit den Rinderfiletscheiben belegen und je einen Klecks Maränenrogen daraufgeben. In die Mitte eine Mulde für das Eigelb drücken.
6. Die Wachteleier mit einem kleinen Messer öffnen, das Eigelb vom Eiweiß trennen und das Eigelb in die Mulden legen.
7. Den Schnittlauch und die Zwiebelstückchen um den Rogen anrichten und das Fleisch mit Meerrettich, Salzflocken und Pfeffer bestreuen.

Das Pariser Sandwich ist seit den frühen 1920er-Jahren in Europa bekannt und wird seitdem in vielen Restaurants serviert. Im Grunde war es wahrscheinlich zunächst eine Art »Reste-Sandwich«, da es alles Mögliche enthalten konnte. Heute besteht es meist aus einer Rindfleischfrikadelle mit gehackter Roter Bete, Kapern sowie Cornichons und ist immer mit einem Spiegelei belegt.

*Pariser Sandwich*

# Pariser Sandwich

**2 Portionen**

2 Scheiben weißes Toastbrot, am besten Sauerteig
Butter
300 g Hackfleisch vom Rind oder Kalb
50 g eingelegte Rote Bete, fein gehackt
1 gelbe Zwiebel, fein gehackt
Salz und frisch gemahlener schwarzer Pfeffer
2 EL Frischkäse
1 EL körniger, süßer Senf
½ EL Dijon-Senf
3 EL Kapern
3 EL fein gehackte Cornichons
½ EL Weißweinessig
2 EL fein gehackte glatte Petersilie
2 Eier

**1** Das Brot in einer Pfanne mit etwas Butter rösten. Auf zwei Teller legen.
**2** Das Hackfleisch mit jeweils der Hälfte der Roten Bete und der Zwiebel vermengen.
**3** Mit Salz und Pfeffer würzen.
**4** 2 Frikadellen formen und auf jeder Seite etwa 5 Minuten in etwas Butter braten. Eine gut gebräunte Oberfläche verleiht dem ganzen Sandwich Geschmack. Ich mag es, wenn die Frikadelle stark gebräunt ist, fast kurz vor dem Anbrennen.
**5** Den Frischkäse und den Senf vermischen und auf den Brotscheiben verteilen.
**6** Die übrige Hälfte der Roten Bete und der Zwiebel sowie die Kapern und die Cornichons darauf verteilen und mit einer Frikadelle belegen.
**7** Etwa 50 g Butter in einem Topf schmelzen, bis sie goldbraun ist und nussig duftet. Vom Herd nehmen und das gebräunte Protein auf den Boden des Topfes sinken lassen. Die klare Butter in einen weiteren Topf abgießen. Erhitzen und mit dem Essig und der Petersilie vermischen. Warm halten.
**8** Die Eier auf einer Seite braten, »sunny side up« (siehe Seite 13).
**9** Je ein Ei auf die Frikadellen legen und, mit der Butter beträufelt, servieren.

# Pyttipanna

Pyttipanna gehört zu den traditionellsten schwedischen Gerichten zur Resteverwertung – klassischerweise wird es wie hier mit geräuchertem Schweinebauch, Fleischwurst und Fleisch zubereitet. Für eine vegetarische Variante lässt sich auch Halloumi, Tofu oder anderes vegetarisches Eiweiß würfeln und verwenden. Nehmen Sie dann etwas mehr gebräunte Zwiebeln und etwas geräuchertes Paprikapulver.

**4 Portionen**

8 große festkochende Kartoffeln
Butter
2 gelbe Zwiebeln, fein gehackt
150 g geräucherter Schweinebauch, gewürfelt
250 g Fleischwurst, gewürfelt
4 Eier
300 g Rinderfilet, gewürfelt
2 EL fein gehackte glatte Petersilie
Salz und frisch gemahlener schwarzer Pfeffer

1. Die Kartoffeln schälen und in Salzwasser kochen, bis sie halb durchgegart sind. Abgießen und würfeln.
2. Die Kartoffeln in reichlich Butter etwa 10 Minuten braten, sodass sie eine knusprige und goldbraune Oberfläche haben. Auf einem Teller beiseitestellen. Mit Salz und Pfeffer würzen. Der Trick für die perfekten Kartoffeln mit cremigem Inneren und knuspriger Oberfläche besteht darin, sie zuerst leicht zu kochen und dann in reichlich Butter zu braten.
3. Die Zwiebeln in etwas Butter mit 1 Prise Salz bei mittlerer Temperatur etwa 5 Minuten braten, bis sie hellbraun und weich sind. Das Salz lässt die Zwiebeln in der Pfanne schwitzen, sodass sie etwas weicher und süßer im Geschmack werden. Die Zwiebeln aus der Pfanne nehmen und zu den Kartoffeln legen.
4. Den Schweinebauch und die Fleischwurst im verbliebenen Fett in der Pfanne etwa 10 Minuten braten. Falls erforderlich, das ausgetretene Fett vom Schweinebauch abseihen und den Schweinebauch und die Wurst zu den Kartoffeln und Zwiebeln geben.
5. Die Eier braten, am besten als in Butter gebratenes Spiegelei (siehe Seite 13), damit das Ei unten ein wenig Farbe und einen knusprigen Rand bekommt – das gibt einen guten Geschmack.
6. Das Rinderfilet in der heißen Pfanne mit Butter etwa 3 Minuten braten, es sollte nicht durchgegart sein. Die restlichen gebratenen gewürfelten Zutaten zurück in die Pfanne geben und alles heiß werden lassen.
7. Mit der Petersilie, Salz und Pfeffer bestreuen und mit den Spiegeleiern anrichten.
8. Klassisch wird Pyttipanna mit Roter Bete und Salzgurken als Beilagen sowie mit Ketchup, Senf und HP-Sauce serviert. Die Rezepte für Ketchup, Senf und HP-Sauce finden Sie auf den Seiten 74–75.

# Biff Rydberg

Das Hotel Rydberg auf dem Gustav-Adolfs-Platz in Stockholm war Ende des 19. und Anfang des 20. Jahrhunderts ein angesagtes Restaurant. Hier konnte man abends den berühmten schwedischen Maler Albert Engström oder den Schriftsteller Hjalmar Söderberg in geselliger Runde bei gutem Essen und Trinken treffen. Das Hotel wurde 1914 abgerissen, aber das Gericht ist geblieben, eine Art gehobeneres Pyttipanna mit Rinderfilet und Senfcreme. Absolut lecker! Die Kunst besteht darin, die roh, in großen Würfeln gebratenen Kartoffeln wirklich knusprig hinzubekommen. Das Geheimnis ist natürlich die Butter.

**4 Portionen**

8 große festkochende Kartoffeln, geschält und gewürfelt (2 × 2 cm)
50 g + 50 g Butter
2 EL + 2 EL neutrales Rapsöl
Salz und frisch gemahlener schwarzer Pfeffer
3 gelbe Zwiebeln, gehackt
150 g Crème fraîche
3 EL körniger süßer Senf
3 EL fein geriebener Meerrettich
700 g Rinderfilet
4 EL fein gehackte glatte Petersilie
4 Eigelb

1. Den Backofen auf 100 °C (Ober-/Unterhitze) vorheizen.
2. Die Kartoffeln in 50 g Butter und 2 EL Öl bei mittlerer Temperatur etwa 20 Minuten in einer Pfanne braten, bis sie goldbraun, knusprig und gar sind. Mit Salz und Pfeffer würzen. Die Kartoffeln auf ein Backblech oder eine Auflaufform geben und in der Mitte des Ofens warm halten.
3. Die Zwiebeln in etwas Butter, 1 EL Öl und 1 Prise Salz etwa 10 Minuten braten, bis sie weich und goldbraun sind. Das Salz bewirkt, dass die Zwiebeln Flüssigkeit freisetzen und einen schönen karamellisierten Geschmack bekommen.
4. Die Zwiebeln zu den Kartoffeln in den Ofen geben.
5. Die Crème fraîche mit einem Schneebesen fest und schaumig schlagen. Mit Senf und Meerrettich vermischen. Bis zum Servieren in den Kühlschrank stellen.
6. Das Fleisch grob würfeln (etwa 3 × 3 cm). Es sollten nicht zu kleine Stücke sein, damit das Fleisch noch einen saftigen rosa Kern behält.
7. Den Rest der Butter und des Öls in der Pfanne bei mittlerer bis hoher Temperatur erhitzen. Das Fleisch dazugeben und mit Salz und Pfeffer würzen. Die Fleischstücke 1 Minute auf einer Seite braten (ohne sie zu bewegen!). Dann wenden und 1 weitere Minute auf der anderen Seite braten.
8. Die Kartoffeln und die Zwiebeln mit der Petersilie vermischen und mit dem Fleisch auf Tellern anrichten. Je ein Eigelb aufsetzen und mit der Senfcreme servieren. Nach Belieben mit mehr Meerrettich bestreuen.

Okay, lassen Sie uns den Unterschied zwischen spanischer Tortilla und italienischer Frittata klären. Tortilla wird in der Pfanne mit reichlich Olivenöl gebraten und sollte mit recht flüssigem Inneren serviert werden. Frittata wird im Ofen gebacken, oft auf einem Backblech, und ganz fest verzehrt, fast wie eine Tarte ohne Boden.

*Spanische Tortilla*

# Spanische Tortilla

**6–8 Portionen**

600 g festkochende Kartoffeln, geschält und gewürfelt (2 × 2 cm)
150 ml Olivenöl
2 gelbe Zwiebeln, fein gehackt
1 grüne oder rote Paprika, entkernt und gewürfelt
Salz und frisch gemahlener schwarzer Pfeffer
6 Eier

1 Die Kartoffeln in dem Olivenöl bei mittlerer Temperatur etwa 10 Minuten braten. Die Zwiebeln und die Paprika dazugeben und 10 Minuten bei niedriger Temperatur braten. Salzen und pfeffern.
2 Die Eier zusammen mit etwas Salz und Pfeffer in einer Schüssel verquirlen. Die Kartoffeln, die Zwiebeln und die Paprika mit einem Schaumlöffel aus der Pfanne nehmen und mit der Eimasse vermischen.
3 Das Öl abgießen, aber 4 EL aufheben. 2 EL Öl bei mittlerer Temperatur in der Pfanne erhitzen.
4 Die Eimasse in die Pfanne geben. Bei mittlerer Temperatur etwa 5 Minuten braten.
5 Mit einem Pfannenwender oder Teigschaber am Rand lockern, einen Teller über die Pfanne legen und die Tortilla umdrehen.
6 2 EL Öl in der Pfanne erhitzen und die Tortilla vorsichtig mit der ungebackenen Seite nach unten in die Pfanne gleiten lassen. Weitere 5 Minuten braten.
7 Mindestens 5 Minuten vor dem Servieren ruhen lassen. Heiß oder lauwarm servieren. Die Tortilla sollte innen flüssig sein, fast so, dass es sich anfühlt, als hätte sie länger gebraten werden sollen.

# Italienische Frittata

**4–6 Portionen**

3 EL Olivenöl
½ Zucchini, fein geschnitten
1 rote Paprika, in Streifen geschnitten
Salz und frisch gemahlener schwarzer Pfeffer
100 g frischer Blattspinat
Blätter von 1 Topf Basilikum
125 g Mozzarella
50 g fein geriebener Parmesan
8 Eier
1 rote Zwiebel, fein geschnitten

1 Den Backofen auf 175 °C (Ober-/Unterhitze) vorheizen.
2 Eine Pfanne mit 2 EL Öl erhitzen und die Zucchini und die Paprika etwa 10 Minuten anbraten, bis sie etwas Farbe bekommen und Flüssigkeit verlieren. Salzen, pfeffern und in eine Auflaufform geben.
3 Den Spinat in 1 EL Öl anbraten und mit dem Basilikum und dem Gemüse in der Form vermischen.
4 Den Mozzarella in Stücke zupfen und mit dem Gemüse und dem Parmesan vermischen.
5 Die Eier verquirlen und über das Gemüse gießen. Die Zwiebel darüber verteilen.
6 In der Mitte des Ofens etwa 25 Minuten backen, bis die Frittata gestockt ist.

# Salat Niçoise

Französischer Salatklassiker, der besonders gut in der Sommerwärme schmeckt. Verwenden Sie unbedingt Thunfisch in Olivenöl, er ist definitiv am schmackhaftesten. Sardellen, Oliven und Kapern sorgen im Gericht für eine angenehme Salzigkeit, zu der eine kühle Limonade in der Sonne gut passt.

**4 Portionen**

400 g gekochte Kartoffeln, am besten neue oder kleine festkochende
150 g grüne Bohnen, geputzt
2–4 gekochte 7-Minuten-Eier, siehe Seite 8
½ EL Dijon-Senf
1 EL Rotweinessig
1 EL frisch gepresster Zitronensaft
1 TL flüssiger Honig
Salzflocken
3 EL Olivenöl
1 rote Zwiebel, fein geschnitten
1 Salatkopf, am besten Pflück- oder Kopfsalat, gewaschen
200 g Kirschtomaten, halbiert
8 Sardellenfilets
4 EL Kapern
80 g kleine schwarze Oliven, am besten Taggiasca
2 Dosen Thunfisch in Olivenöl (Abtropfgewicht etwa 250 g)
frisch gemahlener schwarzer Pfeffer
Zitronenspalten zum Servieren

1. Die Kartoffeln schälen, in größere Stücke schneiden und in Salzwasser weich kochen. Abgießen und abkühlen lassen.
2. Salzwasser in einem großen Topf zum Kochen bringen und die grünen Bohnen etwa 3 Minuten kochen. Abgießen und in eiskaltem Wasser abspülen.
3. Die Eier kochen. In kaltem Wasser abkühlen lassen, pellen und halbieren.
4. Den Senf, den Essig, den Zitronensaft, den Honig, 2 Prisen Salzflocken und das Öl in einer großen Schüssel vermischen.
5. Die Zwiebelscheiben in das Dressing geben und etwa 10 Minuten ziehen lassen. Dann werden sie etwas weicher und milder und verleihen dem Dressing außerdem einen guten Geschmack.
6. Die Kartoffeln und die grünen Bohnen in das Dressing geben.
7. Die Salatblätter etwas zerkleinern und mit den Kartoffeln, den Tomaten, den Sardellenfilets, den Kapern und den Oliven im Dressing wenden. Den Thunfisch in Stücken ebenfalls unterheben. Mit den Eiern belegen.
8. Salzen, pfeffern und mit einer Zitronenspalte servieren.

Solöga (Sonnenauge) wird mit gutem Brot und manchmal mit einer Scheibe würzigem Käse serviert. Hier dient das Eigelb als Sauce für die salzigen Sardellen, die beim Essen mit den übrigen Zutaten auf dem Teller vermischt werden.

# Gubbröra

Den Schweden wird nachgesagt, süchtig nach Hering, Maränenrogen und Gubbröra (etwa Altherrensalat) zu sein. Ich liebe die süß-salzige, cremige Gubbröra besonders auf knusprigem Knäckebrot. Es gibt eine Vielzahl von Varianten, manchmal mit Kaviar statt Rogen, manchmal ohne Kartoffeln, manchmal mit Hering statt Sardellen und manchmal mit Crème fraîche statt Mayonnaise. Aber dies hier ist das ultimative Rezept. Punkt.

**4–6 Portionen**

4 gekochte 9-Minuten-Eier, siehe Seite 8
2 kleine gekochte Kartoffeln, am besten neue oder festkochende, fein gewürfelt
⅓ gelbe Zwiebel, fein gehackt
50 ml Mayonnaise, siehe Seite 37
125 g Sardellenfilets, gehackt
3 EL Maränenrogen (online erhältlich)
1 EL Schnittlauchröllchen
½ EL fein gehackter Dill

1. Die Eier kochen und in kaltem Wasser abkühlen lassen. Pellen und hacken. In eine Schüssel geben.
2. Die Kartoffeln, die Zwiebel und die Mayonnaise ebenfalls in die Schüssel geben.
3. Die Sardellen, den Rogen, den Schnittlauch und den Dill unterheben.
4. Mit Knäckebrot servieren.

# Solöga

**4 Portionen**

125 g Sardellenfilets
50 g eingelegte Rote Bete, gewürfelt
4 Eigelb
4 EL fein gehackte glatte Petersilie
1 kleine rote Zwiebel, fein gehackt
50 g Gewürzgurke, gewürfelt
4 EL Kapern

1. Die Sardellen abtropfen lassen und in Stücke schneiden.
2. Die Rote Bete mittig auf vier Tellern anrichten und mit je einem Eigelb belegen.
3. Die Sardellen, die Petersilie, die Zwiebel, die Gurken und die Kapern wie einen Kranz darum legen.
4. Beim Essen wird alles selbst auf dem Teller vermischt. Dazu wird Knäckebrot, Fladenbrot oder Roggenbrot und etwas Butter gereicht.

# Salat Lyonnaise

Leider ist Friséesalat in den gängigen Lebensmittelgeschäften nicht so leicht zu finden. Aber oft findet man die leicht bitteren Blätter, die Salaten Charakter verleihen, beim Gemüsehändler oder auf dem Markt. Wenn Sie Schwierigkeiten haben, Friséesalat zu ergattern, können Sie auch fein zerkleinerten Endiviensalat mit normalem Kopfsalat mischen. Die Bitterkeit wird in diesem Gericht benötigt und bildet zusammen mit Schweinebauch, pochiertem Ei, Dijon-Senf und Honig ein komplettes Geschmackserlebnis.

**4 Portionen**

1 Kopf Friséesalat
4 pochierte Eier, siehe Seite 8
1 Knoblauchzehe
225 g Schweinebauch
1 ½ EL Dijon-Senf
2 EL Weißweinessig
½ EL flüssiger Honig
4 EL Olivenöl
6 EL Kapern
Salzflocken und frisch gemahlener schwarzer Pfeffer

1. Den Salat in eiskaltes Wasser geben.
2. Die Eier pochieren.
3. Den Knoblauch etwa 10 Minuten kochen, bis er weich ist.
4. Die Schwarte vom Schweinebauch entfernen und das Fleisch in Streifen schneiden. Bei mittlerer Temperatur in einer trockenen Pfanne knusprig braten. Auf Küchenpapier abtropfen lassen.
5. Den Knoblauch in einer Schüssel zerdrücken und mit dem Senf, dem Essig, dem Honig und 1 EL Wasser verquirlen. Das Öl tropfenweise unter ständigem Rühren hinzufügen, bis ein cremiges Dressing entsteht.
6. Den Salat aus dem Wasser nehmen und trocken schütteln. Die äußeren Blätter entfernen.
7. Die restlichen Blätter ablösen und klein zupfen. Bei Bedarf überschüssiges Wasser in einer Salatschleuder entfernen oder auf einem Küchentuch abtropfen lassen.
8. Den Salat im Dressing wenden und auf Tellern mit dem Schweinebauch und den Kapern anrichten. Mit Salz und Pfeffer würzen und je ein pochiertes Ei daraufgeben.

# Hauptgerichte

Es gibt einen Grund, warum dieses Nudelgericht Carbonara heißt. Das Gericht muss mit schwarzem Pfeffer zubereitet werden, schwarz wie Kohle (*carbone* auf Italienisch). Die klassische Variante enthält keine Sahne, denn es ist das Eigelb, das diesem Gericht die cremige Sauce verleiht. Aber natürlich, wenn Sie eine sahnige Carbonara haben möchten, können Sie auch einen Esslöffel Sahne hinzufügen, wenn die gekochten Nudeln in der Pfanne mit gebratenen Zwiebeln, Eigelb und Schweinebauch verrührt werden.

*Carbonara*

# Eiernudeln

**6 Portionen**

180 g Hartweizenmehl
180 g Weizenmehl Type 405
3 Eier
4 Eigelb

1. Die Mehlsorten vermischen und auf die Arbeitsfläche geben. Eine Vertiefung in die Mitte drücken und die Eier darin aufschlagen. Mit einer Gabel zu einem krümeligen Teig vermischen. Etwas Wasser dazugeben und mit den Händen zu einem glatten Teig kneten.
2. In Frischhaltefolie wickeln und etwa 1 Stunde im Kühlschrank ruhen lassen.
3. Mit einer Nudelmaschine die gewünschten Nudeln formen. Sofort kochen oder hängend trocknen lassen und luftdicht lagern.

**Tipp!**
Verwenden Sie Hartweizenmehl, um die Nudeln während der Arbeit zu bestauben, damit der Teig nicht an der Maschine oder an der Arbeitsfläche klebt. Wenn Sie keine Nudelmaschine haben, können Sie den Teig dünn ausrollen, genau wie eine echte italienische Donna. Mehr Arbeit, aber vielleicht ein wenig authentischeres italienisches Pasta-Gefühl.

# Carbonara

**4 Portionen**

1 Portion Eiernudeln (Tagliatelle), siehe oben
200 g Pancetta, Guanciale oder geräucherter Schweinebauch, gewürfelt
2 gelbe Zwiebeln, fein gehackt
Olivenöl
6 Eigelb
100 g Parmesan, fein gerieben
Salz und frisch gemahlener schwarzer Pfeffer

1. Die Nudeln nach Rezept zubereiten.
2. Die Pancetta in etwas Öl in einer Pfanne knusprig braten. Auf Küchenpapier abtropfen lassen.
3. Die Zwiebeln in 2 EL Öl etwa 10 Minuten bei niedriger Temperatur anschwitzen, bis sie weich werden und die Süße des Geschmacks hervortritt.
4. Die Nudeln etwa 3 Minuten in Salzwasser kochen. Abgießen und schnell mit den Zwiebeln, der Pancetta, 2 Eigelb und der Hälfte des Parmesans im Topf vermischen.
5. Portionsweise auf Teller geben und mit Eigelb und Parmesan servieren. Mit Salz und viel schwarzem Pfeffer bestreuen. Beim Essen mit dem Eigelb zu cremigen Nudeln vermischen.

# Nudeln mit Salsiccia und Ei

Zur Herstellung von Pappardelle wird der Teig in einer Nudelmaschine dünn ausgerollt, dann aber von Hand in etwa 2–3 cm breite Bänder geschnitten. Natürlich kann man den Teig genauso gut von Hand ausrollen. Das Tolle an Eigelb in Nudelgerichten mit Sahne oder Brühe ist, dass das Ei die Sauce zusammen mit der Stärke aus der Pasta bindet und für eine cremige Sauce sorgt, ohne dass man sie mit Mehl binden müsste.

**4 Portionen**

1 Portion Eiernudeln (Pappardelle), siehe Seite 113
400 g frische Salsiccia
Olivenöl
½ Stange Lauch, in Streifen geschnitten und gehackt
½ TL ganze Fenchelsamen, zerdrückt
150 ml trockener Weißwein
200 g flüssige Sahne
6 Eigelb
25 g frische Kräuter, fein gehackt, z. B. Petersilie, Thymian, Rosmarin und Salbei
125 g fein geriebener Grana Padano
Salz und frisch gemahlener schwarzer Pfeffer

1. Die Nudeln nach Rezept zubereiten.
2. Die Salsiccia in Stücke schneiden und in 1 EL Öl etwa 10 Minuten bei mittlerer Temperatur braten. Zur Seite stellen.
3. Den Lauch in 1 EL Öl zusammen mit den Fenchelsamen etwa 5 Minuten braten. Den Wein dazugeben und mit dem Lauch auf die Hälfte einkochen lassen. Die Sahne dazugeben, 5 Minuten köcheln lassen.
4. Die Nudeln 2–3 Minuten al dente kochen. Abgießen und im Topf bei mittlerer Temperatur zusammen mit der Sahnesauce, der Salsiccia, 2 Eigelb, den Kräutern und der Hälfte des Käses vermischen. Die Sauce samt Nudeln einkochen lassen, damit sie cremig und etwas klebrig werden.
5. Portionsweise auf Teller geben und mit einem Eigelb und Käse servieren. Mit Salz und Pfeffer würzen.

# Ravioli mit Ricotta und Wachteleiern

Wenn Sie keine Zeit haben, Ihren eigenen Nudelteig herzustellen, können Sie stattdessen fertige Gyoza-Teigblätter kaufen. Die sind bereits rund geformt und lassen sich leicht verarbeiten. Der Teig ist sehr dünn, sodass er keine so lange Garzeit benötigt.

**4 Portionen, etwa 4 Ravioli/Person**

1 Portion Eiernudelteig, siehe Seite 113
1 Knoblauchzehe
1 Becher Ricotta
30 g fein geriebener Parmesan
20 g Schnittlauch, fein gehackt
2 EL fein gehackter Thymian
Abrieb von ½ unbehandelten Zitrone
1 ½ Prisen gemahlener Koriander
Salz und frisch gemahlener schwarzer Pfeffer
16 Wachteleier
Olivenöl
Blätter von 1 Topf Basilikum
Salzflocken

1. Die Nudeln nach Rezept zubereiten. In der Nudelmaschine dünn ausrollen, wenn die Füllung fertig ist.
2. Einen großen Topf mit Salzwasser zum Kochen bringen. Den Knoblauch etwa 5 Minuten im Wasser kochen. Herausnehmen und in eine Schüssel reiben.
3. Den Knoblauch mit dem Ricotta, dem Parmesan, dem Schnittlauch, dem Thymian, dem Zitronenabrieb und dem Koriander vermischen. Mit Salz und Pfeffer würzen.
4. Am besten die Creme in einen Spritzbeutel geben. Das macht das Portionieren sauberer und einfacher.
5. Lange, etwa 10 cm breite Nudelstreifen (recht dünn, damit sie schnell gar werden) ausrollen und auf die Arbeitsfläche legen. Jeweils etwa 2 EL der Füllung im Abstand von 3–4 cm aufspritzen.
6. Eine recht große Vertiefung in die Creme drücken und je ein Wachteleigelb hineinschlagen. Ein weiteres ausgerolltes Nudelband auflegen und vorsichtig um die Füllung herum festdrücken, sodass der Nudelteig ohne Luftblasen dicht an der Füllung anliegt.
7. Mit einem Stanzring oder einem Glas Kreise ausstechen. Die Kanten mit einer Gabel zusammendrücken. Übrig gebliebene Teigstreifen können zu Tagliatelle zerkleinert und wie normale Nudeln gekocht werden.
8. Das Wasser wieder zum Kochen bringen und die Nudeln 3–4 Minuten al dente kochen. Sofort mit Olivenöl, Basilikum und etwas geriebenem Parmesan servieren. Mit Salzflocken und schwarzem Pfeffer bestreuen.

# Polenta mit Pilzen und Ei

»Was auch immer es war, ich aß die Polenta und fand mich plötzlich an einem ganz neuen Ort wieder. Wie für viele erstmalige Polenta-Esser veränderte sich meine Welt von bewölkt und gräulich zu sonnig und klar gelb.« Als ich, wie so viele andere, das Buch »Hitze« von Bill Buford las, bekam Polenta eine neue Bedeutung für mich. In einem ganzen Kapitel befasst er sich damit, wie man die beste Polenta zubereitet »mit Körnern, die langsam abgekühlt werden, nachdem sie gemächlich auf dem Herd vor sich hin geköchelt haben, und die dennoch eine perfekt raue Konsistenz haben, sogar ein wenig kiesig am Gaumen, mit einem intensiven süßlichen und unglaublich raffinierten Maisgeschmack«.
Wer bekommt bei dieser Beschreibung keine Lust auf Polenta? Also bitte. Hier eine cremige Polenta, die lange auf dem Herd geköchelt hat, mit weich gekochten Eiern und Champignons.

**4 Portionen**

900 ml Hühnerbrühe
100 ml trockener Weißwein mit hohem Säuregehalt
60 g Polentagrieß
1 ½ EL fein gehackter Thymian
1 ½ EL fein gehackter Schnittlauch
100 g flüssige Sahne
4 Eier
250 g Pilze, z. B. Shiitake, Waldchampignons oder Portobello
Salz
150 g frischer Blattspinat
60 g Parmesan, gerieben
20 g Butter
1 TL weißes Trüffelöl
frisch gemahlener schwarzer Pfeffer

1. Die Hühnerbrühe und den Wein in einem großen Topf zum Kochen bringen.
2. Den Polentagrieß unterrühren und die Temperatur senken. Die Kräuter hinzugeben.
3. Die Polenta langsam unbedeckt etwa 1 Stunde köcheln lassen. In der Zwischenzeit einige Male umrühren, aber – das ist wichtig – nicht zu oft! Im Gegensatz zu Risotto, das oft gerührt werden muss, sollte die Polenta in Ruhe gelassen werden. Mehr Brühe oder Wasser hinzufügen, wenn die Polenta zu trocken wird.
4. Die Sahne hinzufügen und weitere 15 Minuten köcheln lassen. Das Ergebnis sollte eine richtig cremige Polenta sein.
5. Wasser für die Eier zum Kochen bringen. Die Eier hineingeben und 5 Minuten köcheln lassen.
6. Abgießen und schnell mit kaltem Wasser abspülen. Die Eier sollen nicht kalt werden, sondern nur zu kochen aufhören.
7. Die Pilze in Scheiben schneiden und in Butter in einer Pfanne braten. Mit Salz würzen. Auf einen Teller geben und nun den Spinat rasch in der Pfanne anbraten.
8. Die Polenta vom Herd nehmen. Den Parmesan, die Butter und das Trüffelöl unterrühren. Mit Salz und Pfeffer abschmecken.
9. Die Polenta mit den Pilzen, dem Spinat und einem weich gekochten Ei servieren.

# Prime Rib Hash

Die Antwort amerikanischer Diners und Steakhäuser auf das schwedische Pyttipanna (siehe Seite 99). Der Unterschied ist, dass dieses Gericht hier richtig »schlotzig« sein sollte, am besten mit einigen zerdrückten Kartoffelstückchen. Gönnen Sie sich ein erstklassiges Stück Rindfleisch mit feiner Marmorierung.

**4 Portionen**

800 g festkochende Kartoffeln, geschält
500 g Rindfleisch
2 gelbe Zwiebeln, fein gehackt
3 Stangen Sellerie, in Scheiben geschnitten
Butter
Salz und frisch gemahlener schwarzer Pfeffer
2 EL Chilisauce oder Ketchup, siehe Seite 75
½ TL Tabasco
2 TL Worcestershiresauce
2 TL fein gehackter Rosmarin
4 EL fein gehackte glatte Petersilie
8 kleine oder 4 große Eier

1 Die Kartoffeln in Salzwasser kochen, bis sie weich sind. Abgießen, leicht abkühlen lassen und würfeln.
2 Das Rindfleisch in etwa 2 x 2 cm große Würfel schneiden.
3 Die Zwiebeln und den Sellerie etwa 10 Minuten bei niedriger Temperatur mit reichlich Butter anschwitzen. Zusammen mit den Kartoffeln beiseitestellen.
4 Das Fleisch in Butter etwa 3 Minuten in einer richtig heißen Pfanne anbraten. Mit Salz und Pfeffer abschmecken.
5 Die Kartoffeln, die Zwiebeln, den Sellerie, die Chilisauce, den Tabasco, die Worcestershiresauce, den Rosmarin und die Petersilie dazugeben. Alles zusammen etwa 5 Minuten braten und dabei hin und wieder umrühren. Dann alles, ohne umzurühren, weiterbraten, bis die Kartoffeln, die am Boden liegen, knusprig sind.
6 2 Eier in eine Schüssel schlagen. Eine Pfanne mit Butter erhitzen. Die Eier so in die Pfanne geben, dass 2 kleine Eier zusammen ein Spiegelei bilden. Auf einer Seite braten, dann salzen und pfeffern.
7 Die Pyttipanna mit Salz und Pfeffer abschmecken. Mit den Eiern und noch etwas Chilisauce servieren.

# Matjeshering mit 65-Grad-Ei und gebräunter Butter

Dies ist meine Hommage an den Matjeshering mit Ei und gebräunter Butter. Nichts schmeckt besser an einem heißen Sommertag, zusammen mit einem eiskalten Bier.

**4 Portionen**

4 gekochte 65-Grad-Eier, siehe Seite 30
500 g neue Kartoffeln
½ Gurke, in feine Scheiben geschnitten
1 EL Zucker
½ EL Haushaltsessig
1 Msp. Salz
10 Radieschen, in feine Scheiben geschnitten
8 Schalotten, in Ringe geschnitten
90 g Mehl
1 ½ TL Backpulver
300 ml Rapsöl
100 g Butter
2 Dosen ganze Matjesheringsfilets (á 200 g)
1 rote Zwiebel, in dünne Scheiben geschnitten (am besten mit einem Küchenhobel)
150 g Schmand oder Crème fraîche
2 EL fein geschnittener Schnittlauch
½ Schale Gartenkresse
½ Handvoll Dill
1 EL fein geriebener Meerrettich
Salzflocken

1. 65-Grad-Eier oder weiche Eier kochen.
2. Die neuen Kartoffeln in Salzwasser kochen.
3. Die Gurke mit dem Zucker, dem Essig, 1 ½ EL Wasser und dem Salz vermengen. Mindestens 10 Minuten ziehen lassen.
4. Die Radieschenscheiben in eiskaltes Wasser geben, damit sie knackig werden und sich biegen.
5. Die Schalottenringe mit etwas Wasser beträufeln, damit sie leicht feucht werden.
6. Das Mehl mit dem Backpulver mischen, die Schalottenringe in der Mischung wenden.
7. Öl in einer Pfanne auf 180 °C erhitzen. Die Schalotten goldbraun frittieren, mit einem Schaumlöffel herausnehmen und auf Küchenpapier abtropfen lassen. Mit Salz bestreuen.
8. Die Butter goldbraun schmelzen, bis sie nach nussigem Karamell duftet. Vom Herd nehmen und die gebräunten Proteinpartikel auf den Boden sinken lassen.
9. Die Eier pellen und jeweils in die Mitte von vier Tellern gleiten lassen.
10. Die Kartoffeln in Scheiben schneiden und um die Eier legen. Den Hering in vier Stücke teilen und auf die Kartoffeln legen. Anschließend etwas Gurke und rote Zwiebeln neben den Hering auf den Teller geben.
11. Etwas Schmand auf den Teller geben und mit den Kräutern bestreuen. Die frittierten Zwiebeln und die Radieschen dazugeben.
12. Zum Schluss die Kartoffeln mit der gebräunten Butter beträufeln, den Merrettich darüberreiben, alles mit Salzflocken bestreuen und servieren.

# Kalbstatar mit Estragon-Sardellen-Mayonnaise und frittierten Kapern

Tatar, fein gehacktes Fleisch, ist ausgesprochen lecker und macht süchtig. Das Ei ist die entscheidende Zutat, um die ultimative Kombination aus zartem Fleisch und cremigem Ei zu erhalten, entweder als rohes Eigelb oder als Mayonnaise. Etwas Knuspriges sorgt für die richtige Balance. Beim Frittieren von Kapern öffnet die kleine Knospe ihre Blätter und wird knusprig. Achten Sie darauf, die Kapern vor dem Frittieren auf Küchenpapier zu legen, damit die Flüssigkeit abläuft – sonst spritzt das Öl. Wie bei allen Zutaten, die roh gegessen werden sollen, ist es wichtig, das Fleisch während der Zubereitung kalt zu halten. Nehmen Sie immer nur eine kleine Menge Fleisch zum Hacken aus dem Kühlschrank und legen Sie dann das Fleisch bis zum Servieren wieder zurück in den Kühlschrank. Auf dem Teller nimmt es dann schnell Zimmertemperatur an. Wählen Sie ein hochwertiges Fleisch, vielleicht direkt vom Bauern, das einen schönen Geschmack hat und vielleicht ein wenig marmoriert ist.

**4 Portionen**

1 Eigelb
1 EL Weißweinessig
2 EL fein gehackt Estragon
1 Sardellenfilet, gehackt
150 ml neutrales Rapsöl
2 EL grober französischer Senf
200 ml neutrales Brat- oder Rapsöl
40 g Kapern
500 g Steak vom Mastkalb oder Kalb
4 Wachteleigelb (zum Aufschlagen siehe Seite 18)
1 ½ EL fein gehackter Schnittlauch
Estragonblätter zum Dekorieren
Salz und frisch gemahlener schwarzer Pfeffer

1. Eigelb, Essig, Estragon und Sardellenfilet in einer Schüssel vermengen. Das Rapsöl tropfenweise dazugeben, bis eine dickflüssige Mayonnaise entsteht. Den Senf unterrühren, mit Salz und eventuell mehr Essig abschmecken.
2. Das Bratöl auf 180 °C erhitzen. Die Kapern auf Küchenpapier abtropfen lassen und in das heiße Öl geben. 3–4 Minuten frittieren, damit sich die Knospen entfalten und knusprig werden.
3. Mit einem Schaumlöffel aus dem Öl nehmen und auf Küchenpapier abtropfen lassen.
4. Das Fleisch aus dem Kühlschrank nehmen. Zuerst in dünne Scheiben schneiden, anschließend in kleine Würfel.
5. Das Fleisch auf Tellern portionieren. Mit Eigelb, ein paar kleinen Löffeln Mayonnaise, Kapern, Schnittlauch und Estragonblättern garnieren. Mit Salz und Pfeffer bestreuen und am besten mit dünnen gerösteten Brotscheiben servieren.

**Tipp!**
Ersetzen Sie das Kalbfleisch durch frischen Thunfisch oder Lachs.

# Ei-Burger

Ein cremiges Rührei in Brioche-Brot mit karamellisierten Zwiebeln, Käse und Speck. Richtig lecker. Als der Food Truck »Egg-Slut« Anfang der 2010er-Jahre durch die Straßen von Los Angeles fuhr, war es, als ob der Ei-Burger wie ein Komet am Feinschmeckerhimmel erschien. Nach ein paar Jahren folgten viele Restaurants und setzten den saftigen Ei-Burger auf ihre Frühstücks- und Brunchkarte.

**Brioche-Teig für etwa 20 Brötchen**

½ Würfel frische Hefe (etwa 20 g)
350 ml Vollmilch
40 g Zucker
2 Eier
1 TL Backpulver
600 g Weizenmehl
2 TL Salz
150 g Butter, Zimmertemperatur

**Zum Bestreichen**
1 Ei

**Belag für 2 Hamburger**
2–3 gelbe Zwiebeln
30 g Butter + mehr zum Anrösten
2 Msp. Salz
140 g Frühstücksspeck
1 Portion Rührei, siehe Seite 20
3 EL fein gehackter Schnittlauch
frisch gemahlener schwarzer Pfeffer
4 Scheiben Käse, z. B. Edamer, Cheddar oder Gouda

**Brötchen**

1. Die Hefe in eine Schüssel bröseln und mit der Milch und dem Zucker vermischen. Rühren, bis die Hefe sich auflöst.
2. Die Eier in die Flüssigkeit rühren.
3. Das Backpulver mit etwas Mehl vermengen. Die Mischung mit dem restlichen Mehl in den Teig einarbeiten.
4. Mit dem Salz und der Butter zu einem glatten Teig verarbeiten. Wenn nötig, etwas mehr Mehl hinzufügen. Den Teig mit Frischhaltefolie abdecken und bei Zimmertemperatur etwa 2 Stunden gehen lassen.
5. Den Teig in 20 Stücke teilen und zu runden Brötchen rollen. Auf zwei mit Backpapier ausgelegte Backbleche legen, die Brötchen etwas flach drücken. Mit einem Küchenhandtuch und Frischhaltefolie abdecken und etwa 2 ½ Stunden gehen lassen.
6. Den Backofen auf 250 °C (Ober-/Unterhitze) vorheizen. Auf 225 °C senken, wenn die Brötchen backen.
7. 1 Ei mit 1 EL kaltem Wasser verschlagen. Die Brötchen damit bestreichen und in der Mitte des Ofens etwa 15 Minuten backen. Die Brötchen sollen oben viel Farbe bekommen.
8. Die Temperatur auf 150 °C senken.

**Belag**

9. Die Zwiebeln abziehen und in Streifen schneiden. In der Butter mit Salz etwa 10 Minuten bei mittlerer Temperatur rösten, bis die Zwiebeln weich und goldbraun sind.
10. Den Speck knusprig braten. Beiseitestellen.
11. Das Rührei zubereiten. Den Schnittlauch untermischen. Mit Salz und Pfeffer würzen.
12. 2 Brötchen halbieren und die Schnittfläche in Butter anrösten. Die Käsescheiben auf die unteren Brioche-Hälften legen und im Ofen etwa 5 Minuten erwärmen, damit der Käse schmilzt.
13. Dann das heiße Rührei, den Speck und die Zwiebeln darauflegen. Mit dem Oberteil als Deckel belegen und sofort servieren.

# Ei-Burger mit Avocado und Sriracha-Mayonnaise

Rinderhacksteak, Avocado, geschmolzener Käse, hausgemachte Mayonnaise mit der leckersten Chilisauce der Welt, Koriander, in Limette marinierte Silberzwiebeln und ein beidseitig gebratenes Spiegelei mit flüssigem Eigelb. Ein echter Lieblingsburger.

**4 Hamburger**

4 Brioche-Brötchen, siehe Seite 127
100 ml Vollei-Mayonnaise American Style, siehe Seite 37
1 EL Sriracha-Sauce (scharfe thailändische Chilisauce)
1 Silberzwiebel, fein gehackt
1 EL frisch gepresster Limettensaft
1 TL Zucker
Salz
600 g frisch gehackter Rindernacken
Olivenöl
Salz und frisch gemahlener schwarzer Pfeffer
8 Scheiben Käse, z. B. Edamer, Cheddar oder Gouda
4 Eier
2 Avocados, zerdrückt
1 Bund Koriander

**1** Zunächst die Brioche-Brötchen backen.
**2** Anschließend die Mayonnaise zubereiten und mit Sriracha-Sauce vermengen.
**3** Den Ofen auf 150 °C (Ober-/Unterhitze) vorheizen.
**4** Die Silberzwiebel mit dem Limettensaft, dem Zucker und 1 Prise Salz vermengen. Stehen lassen und marinieren, während der Hamburger zubereitet wird.
**5** Das Hackfleisch zu Pattys formen. In einer Pfanne etwas Öl erhitzen und das Fleisch darin etwa 4 Minuten auf jeder Seite rosa braten. Anschließend mit Salz und Pfeffer würzen.
**6** Die Brötchen halbieren und in einer Pfanne mit etwas heißem Öl rösten.
**7** Die Käsescheiben auf die unteren Brötchenhälften legen und im Ofen etwa 5 Minuten erwärmen, bis der Käse schmilzt.
**8** Die Eier beidseitig braten (das Eigelb soll flüssig bleiben). Salzen.
**9** Zum Schluss den Hamburger aufbauen: Zunächst das Fleisch auf die unteren Brioche-Hälften legen, mit der Zwiebel bestreuen und einen Löffel zerdrückte Avocado hinzufügen. Mit Mayonnaise, Koriander und einem Spiegelei belegen.

Knackiges Gemüse, knusprig gebratenes Schweinefleisch, Eier und Kräuter. Dieser Salat erinnert ein bisschen an Thai Laarb, mein absolutes Lieblings-Thaigericht.

# Vietnamesischer Eiersalat

**4 Portionen**

2 Karotten
150 g weißer Rettich
2 Limetten
2 EL Fischsauce
2 TL Zucker
1 ½ EL fein gehackter Ingwer
1 Knoblauchzehe, fein gehackt
1 rote Chilischote, entkernt und fein gehackt
200 g Hackfleisch vom Schwein
neutrales Raps- oder Sonnenblumenöl
2 TL Sesamöl
Salz
1 Handvoll fein gehackte Kräuter, z. B. Thai-Basilikum, Koriander und Minze
6 Eier

**1** Die Karotten und den Rettich schälen, längs in dünne Scheiben schneiden und diese nach Julienne-Art zerkleinern. Sofort in eiskaltes Wasser legen, damit sie bis zum Servieren knackig bleiben.

**2** 2 EL Limettensaft mit der Fischsauce und dem Zucker vermengen. ½ EL fein gehackten Ingwer sowie die Hälfte des Knoblauchs und des Chilis hinzugeben.

**3** Das Hackfleisch zusammen mit dem restlichen Knoblauch, Ingwer und der Chilischote in je 2 EL Rapsöl sowie Sesamöl braten. Das Fleisch sollte viel Farbe und einen guten Bratengeschmack bekommen. Mit Salz und den gehackten Kräutern würzen. Auf einem Teller beiseitestellen.

**4** Die Eier beidseitig in etwas Öl braten. Mit Salz würzen und in Streifen schneiden.

**5** Nun abwechselnd die Eier, die Kräuter, das Hackfleisch, die Karotten und den Rettich auf einen Teller geben. Mit dem Dressing beträufeln und mit einer Limettenspalte servieren.

# Chicken Egg Pô mit schwarzem Reis

Eine wärmende Suppe, in die zum Schluss ein Ei geschlagen wird, das in der Brühe pochiert wird. Die Kräuter werden dazu serviert, sodass man wählen kann, wie viel davon man möchte. Anstelle von Nudeln wie in der Chicken Noodle Soup verwende ich hier schwarzen Reis. Er verleiht der Brühe, dem zarten Hähnchenfleisch und dem knackigen Gemüse eine schöne Konsistenz.

**4 Portionen**

125 g schwarzer Reis
300 g Filet vom Hähnchenschenkel
1 EL neutrales Rapsöl
Salz
2 gelbe Zwiebeln, in Streifen geschnitten
2 Knoblauchzehen, fein gehackt
1 rote Chilischote, fein geschnitten
3 EL Fischsauce
2 Sternanis
1 TL ganze Koriandersamen
15 cm Ingwer, in feine Streifen geschnitten
1 Bund Radieschen, halbiert
1 Bund Kräuter (Thai-Basilikum, Koriander, Minze)
75 g frische Bohnensprossen
4 Eier

1. Den Reis nach der Anleitung auf der Verpackung kochen.
2. Das Hähnchenfleisch in einem großen Topf in Öl bräunen und mit Salz würzen.
3. Die Zwiebeln, den Knoblauch und die Chilischote dazugeben. Zusammen 3 Minuten braten.
4. Mit 1 l Wasser aufgießen, mit der Fischsauce, Sternanis und den Koriandersamen würzen und zugedeckt etwa 1 Stunde köcheln lassen.
5. Das Hähnchenfleisch zerteilen, indem es mit einer Schöpfkelle gegen den Topfrand gedrückt wird. Die Suppe mit Salz und eventuell mehr Fischsauce abschmecken.
6. Nun den Ingwer, die Radieschen und den Reis sowie jeweils die Hälfte der Kräuter und Sprossen hineingeben. Die Eier in die Suppe aufschlagen und darin, ohne umzurühren, etwa 5 Minuten köcheln lassen, bis sie gestockt sind. Sollte das zu lange dauern, den Topf mit einem Deckel abdecken. Dabei geht zwar das schöne Gelb des Eis verloren, aber es wird cremig und perfekt gekocht.
7. Die restlichen Kräuter und Bohnensprossen separat zur Suppe servieren.

# Bibimbap

Bibimbap kann variiert werden – manchmal wird es mit Rindfleisch, manchmal mit Hähnchenstreifen oder knusprig gebratenem Schweinehack, manchmal mit gebratenem Lachs oder mit Garnelen serviert. Auch die Eier variieren von gebratenem Ei bis zu rohem Eigelb.

**4 Portionen**

4 gekochte 63-Grad-Eier, siehe Seite 30
600 g Oberschale vom Rind, in Streifen geschnitten
1 Knoblauchzehe, fein gerieben
6 TL Sesamöl
100 ml japanische Sojasauce
3 EL Reisessig
1 ½ EL Zucker
150 g frische Bohnensprossen
Salz
100 g weißer Rettich, in feine Streifen geschnitten
100 g Karotte, in feine Streifen geschnitten
300 g Sushireis
200 g frischer Blattspinat
2 EL neutrales Rapsöl
200 g Kimchi, am besten hausgemacht
6 EL Gochujang (koreanische Chilipaste)

1 Als Erstes die Eier kochen.
2 Dann das Fleisch mit dem Knoblauch, 2 TL Sesamöl, der Sojasauce, 1 EL Reisessig und dem Zucker vermengen. Mindestens 30 Minuten im Kühlschrank marinieren lassen.
3 Währenddessen die Sprossen mit 1 ½ TL Sesamöl und ½ TL Salz vermischen. Mindestens 10 Minuten ziehen lassen.
4 Nun den Rettich und die Karotte mit 2 TL Sesamöl, 2 EL Reisessig und 2 Msp. Salz vermengen. Ebenfalls mindestens 10 Minuten stehen lassen.
5 Den Reis gründlich unter fließend kaltem Wasser abspülen. In einem Topf ohne Deckel zusammen mit 600 ml Wasser und ½ TL Salz zum Kochen bringen, dann die Temperatur senken. Anschließend etwa 20 Minuten mit Deckel köcheln, bis der Reis weich ist. Vom Herd nehmen und ausdampfen lassen.
6 Den Spinat mit 1 EL Wasser und ½ TL Sesamöl anschwitzen, dann salzen und zur Seite stellen.
7 Rapsöl in einer Pfanne erwärmen und das Fleisch darin portionsweise anbraten. Für das Röstaroma sollte es viel Farbe bekommen.
8 Je eine Portion Reis in vier große Schüsseln geben. Mit allen oben genannten Beilagen sowie dem Kimchi belegen, einen Klecks Gochujang ergänzen und zum Abschluss ein 63-Grad-Ei in der Mitte aufschlagen. Bei Bedarf mit Sojasauce beträufeln.

# Bánh xèo - vietnamesischer Pfannkuchen

Dies ist ein leckerer, knusprig gebratener Pfannkuchen mit Nuoc Cham - der Antwort der Vietnamesen auf Ketchup. Nuoc Cham hat den salzig-süßen Geschmack von Fischsauce und Zucker und ist gleichzeitig durch die Limette leicht säuerlich. Er wird häufig verwendet, und es gibt ihn in einer Vielzahl von Varianten.

**4 Pfannkuchen**

**Teig**
130 g Reismehl
300 ml Kokosmilch
1 TL Kurkuma
2 Eier
2 EL Fischsauce
neutrales Rapsöl

**Nuoc-cham-Dressing**
½ Stange Zitronengras
2 EL Palm- oder Rohzucker
1 Knoblauchzehe, fein gehackt
1-2 rote Chilischoten, entkernt und fein gehackt
3 EL frisch gepresster Limettensaft (etwa 1 Limette)
4 EL Fischsauce
2 EL fein gehackter Koriander

**Füllung**
150 g frische Bohnensprossen
2 Handvoll Kräuter, z. B. Koriander, Minze und Thai-Basilikum
200 g geschälte frische Garnelen

**Teig**

1 Das Mehl, die Kokosmilch und die Kurkuma zu einem glatten Teig verquirlen. 200 ml kaltes Wasser, die Eier und die Fischsauce unterrühren. In den Kühlschrank stellen und etwa 30 Minuten quellen lassen. Währenddessen die Füllung vorbereiten.

**Nuoc-cham-Dressing**

2 Das Zitronengras längs einschneiden, die äußeren Blätter entfernen, dann in kleine Stücke schneiden und fein hacken. Anschließend mit 4 EL Wasser und dem Zucker etwa 3 Minuten köcheln lassen. Das Wasser abseihen und das Zitronengras mit dem Knoblauch, den Chilischoten, dem Limettensaft, der Fischsauce und dem Koriander vermischen.

**Pfannkuchen**

3 Öl in einer Pfanne erhitzen. Eine Schöpfkelle Teig hineingeben, sodass der Pfannenboden bedeckt ist, aber der Pfannkuchen nicht zu dick wird! Wichtig ist, dass die Pfanne heiß ist, wenn der Teig hineingegossen wird. Es sollte spritzen, wenn der kalte Teig auf das heiße Öl trifft.

4 Die erste Seite knusprig backen, dann mit einem Pfannenwender umdrehen und auf der anderen Seite bräunen. Auf einen Teller legen und mit den Sprossen, den Kräutern und den Garnelen füllen. Die Füllung mit dem Dressing beträufeln und den Pfannkuchen zuklappen.

# Chinesische Eiernudeln

Auch die chinesischen Eiernudeln kann man selbst herstellen. Dabei wird der Hartweizen durch Maisstärke ersetzt, wodurch die Brühe leichter an den Nudeln in der Ramen-Schüssel haften bleibt. Damit er eine bissfeste Konsistenz erhält, wird der Teig lange geknetet. So können die Nudeln länger in der heißen Brühe liegen, ohne matschig zu werden oder zu zerfallen. Man kann den Teig entweder dünn ausrollen, aufrollen und zu langen Nudeln schneiden oder durch die Nudelmaschine laufen lassen.

**4-6 Portionen**

360 g Weizenmehl Type 405
1 EL Maisstärke + mehr zum Bestäuben
4 Eier
Salz
5 l Ramen-Bouillon, siehe Seite 140

1. Das Mehl, die Maisstärke und die Eier zu einem Teig verarbeiten. Er wird ziemlich hart, aber das soll so sein.
2. Etwa 10 Minuten von Hand kneten. In Frischhaltefolie einwickeln und 1 Stunde bei Zimmertemperatur ruhen lassen.
3. Den Teig in sechs Stücke teilen, flach drücken und mit Maisstärke bestreuen.
4. Anschließend den Teig in Stücken durch die Nudelmaschine mit einer Dicke von etwa 2 mm laufen lassen. Während der Arbeit immer wieder mit Maisstärke bestäuben, damit die Nudeln nicht zusammenkleben.
5. Wasser in einem Topf zum Kochen bringen, salzen. Die Nudeln darin etwa 1 ½ Minuten kochen. Das Wasser abgießen und die Nudeln sofort in die Brühe geben.

# Ramen-Bouillon

Late-Night-Nudeln sind wie eine wärmende Decke für den Körper. Aber das Kochen einer wirklich guten japanischen Ramen-Bouillon ist nicht ganz einfach, oder besser gesagt, das Kochen der Brühe selbst ist ein Kinderspiel, aber Geschmack, Fett und Einlage beim Servieren auszubalancieren, das ist eine Kunst. Ich koche eine sehr einfache Grundbouillon aus Wasser und Hühnchen. Das Huhn sollte eine schöne dicke Haut haben und von guter Bio-Qualität sein, dann wird die Brühe richtig lecker. Dies hier ist das Grundrezept. Wenn Sie später Ihre Ramen daraus herstellen, wird die Brühe noch mit verschiedenen Würzsaucen (Tare) abgeschmeckt, um den einzigartigen Charakter und Geschmack zu bekommen.

**5 l Brühe**

1 ganzes Hähnchen oder Suppenhuhn
Salz

1. Das ganze Huhn in einen 6-l-Topf geben. 5 ½ l Wasser hinzufügen und bei niedriger Temperatur zum Kochen bringen. Dabei mit einer Schöpfkelle wiederholt den Schaum abschöpfen. 1 ½–2 Stunden zugedeckt köcheln lassen.
2. Das Huhn aus der Brühe nehmen und eventuell als Einlage für die Ramen verwenden. Die Brühe durchseihen, abkühlen lassen und anschließend im Kühlschrank aufbewahren.
3. Wenn die Brühe verwendet werden soll, kann sie gesalzen und mit einer Würzsoße nach Belieben aromatisiert werden.

# Soja-Eier

**6 Stück**

6 gekochte 5-Minuten-Eier, siehe Seite 8
100 ml japanische Sojasauce
50 ml Mirin (süßer Reiswein)
1 EL grob gehackter Ingwer

1. Die Eier kochen und in kaltem Wasser abspülen, damit sie vollständig abkühlen.
2. Die Sojasauce, Mirin, 100 ml Wasser und den Ingwer zum Kochen bringen. 5 Minuten köcheln lassen.
3. Etwas abgekühlt in ein Glas gießen. Die Eier pellen und in diese Marinade legen.
4. Mindestens 10 Stunden (und bis zu 1 Tag) im Kühlschrank lagern. Halbiert zu Ramen oder Reisgerichten servieren.

# Kimchi-Ramen mit 64-Grad-Ei

**4 Portionen**

1 Grundrezept Ramen-Bouillon, siehe Seite 140
1 Grundrezept chinesische Eiernudeln, siehe Seite 139
4–6 64-Grad-Eier, siehe Seite 30
16 Pimientos de Padrón
1 TL Sesamöl
2 Maiskolben oder 200 g gefrorener Mais
Salz
500 g Hackfleisch vom Schwein
1 ½ EL Fischsauce
4–6 EL Gochujang (koreanische Chilipaste)
6–8 EL japanische Sojasauce
6 Frühlingszwiebeln, in Ringe geschnitten
250 g Kimchi, am besten hausgemacht
Blätter von 2 Töpfen Koriander
40 g Erdnusskerne, fein gehackt

1. Die Brühe und den Nudelteig nach den Grundrezepten zubereiten, die Eier kochen.
2. Die Pimientos de Padrón in einer heißen Pfanne mit etwas Öl etwa 5 Minuten braten, bis sie gut Farbe bekommen. Beiseitestellen.
3. Die Maiskolben halbieren, die Körner abschneiden und in der heißen Pfanne mit etwas Öl rösten. Salzen und beiseitestellen.
4. Das Hackfleisch mit der Fischsauce verrühren und in Sesamöl anbraten, bis es Farbe bekommt.
5. Die Nudeln kochen.
6. Die Brühe sowie je 1 EL Gochujang und 1 ½ EL Sojasauce in vier großen Portionsschüsseln vermischen.
7. Die Nudeln hineingeben und das Hackfleisch, die Ringe von etwa vier Frühlingszwiebeln, die Pimientos, den Mais, das Kimchi, den Koriander und die Eier darauf verteilen. Vor dem Servieren mit Erdnüssen und den restlichen Frühlingszwiebeln bestreuen.

# Miso-Sesam-Ramen

Kräftige Ramen-Brühe mit Geschmack von salzigem Miso und Sesam. Nach Geschmack mit Chiliöl beträufeln - ich nehme immer recht viel davon.

**4 Portionen**

4 Soja-Eier, siehe Seite 140
4 Portionen Chashu Pork, siehe unten
1,8 l Ramen-Bouillon, siehe Seite 140
Salz
3 EL Shiro Miso
3 EL Tahini (Sesampaste)
1 großer oder 2 kleine Pak Choi
1 Grundrezept chinesische Eiernudeln, siehe Seite 139
2 Frühlingszwiebeln, in feine Ringe geschnitten
4 EL Crunchy Chiliöl, siehe Seite 71
2 EL geröstete Sesamsamen, gemahlen oder zerstoßen

1 Die Eier bereits einen Tag vor dem Servieren zubereiten.
2 Das Fleisch in acht Scheiben schneiden. Mit einem Flambierbrenner abflämmen, damit es eine schöne Farbe bekommt und das Fett ein wenig schmilzt.
3 Wasser und die Brühe in zwei separaten Töpfen zum Kochen bringen, beides salzen.
5 Das Miso und das Tahini auf vier Schüsseln verteilen.
6 Den Pak Choi etwa 1 Minute kochen und anschließend abtropfen lassen.
7 Die Nudeln portionsweise jeweils etwa 1 Minute kochen.
8 Nun das Miso und das Tahini zunächst mit etwas Brühe in jeder Schüssel verquirlen, dann mehr Brühe hinzufügen und die Nudeln hineingeben.
9 Mit dem Pak Choi, den Frühlingszwiebeln und dem Chashu Pork belegen, mit Chiliöl beträufeln und vor dem Servieren mit Sesamsamen bestreuen.

# Chashu Pork

**6 Portionen**

250 ml japanische Sojasauce
200 ml Mirin (süßer Reiswein)
3 ganze Frühlingszwiebeln
10 cm Ingwer, in Scheiben geschnitten
3 Knoblauchzehen, zerdrückt
2 TL Salz
1,2 kg Schweinebauch mit Schwarte

1 Den Backofen auf 150 °C (Ober-/Unterhitze) vorheizen.
2 200 ml Wasser, die Sojasauce, das Mirin, die Frühlingszwiebeln, den Ingwer, den Knoblauch und das Salz in einer tiefen Auflaufform oder in einem ofenfesten Topf mischen.
3 Den Schweinebauch mit der Schwarte nach unten in die Flüssigkeit legen.
4 Mit einem Deckel oder einer Folie abdecken und in den unteren Teil des Ofens stellen. Die Temperatur auf 125 °C senken.
5 4 Stunden braten. Nach der Hälfte der Zeit das Fleisch umdrehen, damit beide Seiten in der Marinade liegen können.
6 Das Fleisch in der Marinade abkühlen lassen und anschließend, mit Frischhaltefolie abgedeckt, über Nacht kühlen.
7 Vor dem Servieren in dünne Scheiben schneiden, im Backofen mit Grillfunktion erwärmen oder mit einem Flambierbrenner abflämmen.

# Shio-Tofu-Ramen

Reine Hühnerbrühe, nur mit Salz gewürzt. Wenn Sie es komplett vegetarisch haben möchten, können Sie die Hühnerbrühe durch Gemüse- oder Pilzbrühe ersetzen.

**4 Portionen**

4 Soja-Eier, siehe Seite 140
1,8 l Ramen-Bouillon, siehe Seite 140
Salz
1 Grundrezept chinesische Eiernudeln, siehe Seite 139
150 g frische Bohnensprossen
400 g Seidentofu, gewürfelt
3 Frühlingszwiebeln, in feine Ringe geschnitten
1 Blatt Nori, in 4 Stücke geschnitten

**1** Die Eier bereits einen Tag vor dem Servieren zubereiten.
**2** Wasser und die Brühe in zwei separaten Töpfen zum Kochen bringen, beides salzen. (Die Einlage ist nicht salzig, also darf die Brühe etwas stärker gesalzen werden.)
**3** Die Nudeln 1 Minute in kochendem Salzwasser garen. Währenddessen die Brühe auf vier Schüsseln verteilen. Die Nudeln herausnehmen und in die Schüsseln geben.
**4** Anschließed die Sprossen, den Tofu und die Frühlingszwiebeln hinzufügen.
**5** Noch ein Stück Nori-Alge in die Brühe geben und sofort servieren!

*Miso-Sesam-Ramen mit Chashu Pork, Soja-Eier und Shio-Tofu-Ramen*

# Kimchi-Udon mit Ei

Denken Sie an cremige Carbonara, bei der die Spaghetti gegen dicke Udon-Nudeln ausgetauscht werden, und dann an Kimchi, Speck und Eigelb, die mit den Nudeln zu einem cremigen Gericht verbunden werden. Als die Zeitschrift *Bon Appétit* vor einigen Jahren ein ähnliches Rezept enthielt, wurde es zu einem der meistgesuchten Rezepte auf ihrer Website. Also – ein Top-Gericht! Das Geheimnis ist eine ziemlich unverfrorene Menge Butter. Ich kaufe Udon-Nudeln übrigens meist in der Vakuumverpackung, weil ich finde, dass sie besser sind als die getrocknete Variante.

**4 Portionen**

140 g Speck, in feine Streifen geschnitten
Salz
4 Portionen Udon-Nudeln
100 ml Kimchi-Saft
100 g Butter
200 g Kimchi, grob gehackt
4 Eigelb
4 Frühlingszwiebeln, in feine Ringe geschnitten
2 EL schwarzer und weißer Sesam, geröstet

1. Den Speck knusprig braten und beiseitestellen.
2. Die Nudeln entsprechend der Packungsangabe in Salzwasser kochen.
3. Den Kimchi-Saft mit der Butter in der Pfanne erhitzen und mit den gekochten Nudeln, dem Kimchi und dem Speck vermischen.
4. In vier Schüsseln geben, je ein Eigelb, ein Viertel der Frühlingszwiebeln und ½ EL Sesam darauf verteilen und sofort servieren.

# Thai-Eier »Son in Law«

Eigentlich wird das Gericht aus hart gekochten Eiern zubereitet, weil man in Thailand scherzhaft meint, dass es das Einzige ist, was ein Schwiegersohn in der Küche zubereiten kann. Als moderne und unfassbar kluge Frau traue ich den Männern etwas mehr zu und bereite mein Gericht mit frittierten Eiern zu, über die ich dann das gute Dressing aus Fischsauce, Tamarinde, Limette und Chili träufle.

**4 Portionen**

½ Stange Zitronengras, fein zerkleinert
2 Schalotten, fein zerkleinert
2 EL Fischsauce
2 EL Tamarindensauce
2 EL Limettensaft
1 EL Zucker
1-3 rote kleine Thai-Chilischoten oder 1 Spanischer Pfeffer
2 EL Erdnusskerne, geröstet
1 l neutrales Rapsöl
8 Eier
1 Handvoll Koriander

1. Das Zitronengras, die Schalotten, die Fischsauce, 2 EL Wasser, die Tamarindensauce, den Limettensaft, den Zucker, die Chilischote(n) und die Erdnüsse vermischen.
2. Öl in einer Pfanne auf 180 °C erhitzen.
3. Die Eier vorsichtig in eine Tasse schlagen und einzeln (damit sie nicht aneinander kleben bleiben) im heißen Öl etwa 1 Minute frittieren, bis sie knusprig sind. Herausnehmen und auf Küchenpapier abtropfen lassen.
4. Anschließend die Eier auf einen Teller legen, mit Koriander bestreuen und mit dem Dressing beträufeln.
5. Am besten mit frisch gekochtem Jasmin- oder Klebreis servieren.

# Oto - Yams und Ei

Süßkartoffeln und rote Zwiebeln mit weich gekochten Eiern. Das mag etwas zu simpel klingen, aber es ist ein so einfaches Gericht, dass es wirklich Aufmerksamkeit verdient. In Ghana ist dies ein beliebtes Gericht zu Hochzeiten, Geburtstagen und anderen Feiern. Das Gericht wird traditionell mit Yamswurzeln zubereitet, die ich aber gegen Süßkartoffeln ausgetauscht habe, die leichter zu bekommen sind. Falls Sie Yams oder Maniok bekommen, verwenden Sie einfach die. Bei diesem einfachen Gericht sollten Sie sich ganz auf die roten Zwiebeln konzentrieren und diese sehr lange in Butter oder Öl braten, damit sie süß und würzig werden. Essen Sie das Gericht so, wie es ist, oder mit Fisch oder Hähnchen.

**4 Portionen**

800 g Süßkartoffeln
3 rote Zwiebeln, fein gehackt
100 g Butter
Salz
3–6 weich gekochte Eier, siehe Seite 8

1. Die Süßkartoffeln schälen, in Stücke schneiden und in Salzwasser weich kochen.
2. Die Zwiebeln in der Butter bei niedriger Temperatur etwa 10 Minuten anschwitzen, bis sie weich und hellbraun sind.
3. Das Wasser abgießen und die Süßkartoffeln zerdrücken. Mit den Zwiebeln vermischen und mit Salz gut abschmecken. (Das Salz verstärkt den Geschmack des Muses.)
4. Das Mus auf Tellern anrichten und mit den weich gekochten Eiern servieren.

Oyakodon
Tamago Kake Gohan

Chawanmushi
Tsukune

# Oyakodon

**4 Portionen**

4 Portionen Rundkorn-Sushi-Reis
400 ml Dashi-Brühe
1 ½ EL japanische Sojasauce
1 ½ EL Mirin (süßer Reiswein)
300 g Filet vom Hähnchenschenkel, zerkleinert
1 gelbe Zwiebel, fein zerkleinert
3 Eier
2 Frühlingszwiebeln, in feine Ringe geschnitten
1 EL gerösteter Sesam

---

Das ist japanische Hausmannskost. Eine gute Dashi-Brühe mit Hähnchenfleisch und Ei wird über frisch gekochten Reis gegossen, dann wird alles zu einem leckeren Brei vermischt. Möchte man kein Dashi verwenden, kann man stattdessen Miso-Bouillon nehmen.

---

1. Den Reis gemäß den Anweisungen auf der Verpackung kochen.
2. Die Brühe in einer Pfanne erwärmen.
3. Die Sojasauce, das Mirin und das Hähnchenfleisch hinzufügen und bei niedriger Temperatur etwa 10 Minuten köcheln lassen, bis das Fleisch durchgegart ist.
4. Die Zwiebel dazugeben.
5. Die Eier über Brühe und Hähnchenfleisch träufeln und wie ein Omelett in der Brühe stocken lassen.
6. Den Reis in eine große oder mehrere kleinere Portionsschalen verteilen und die Brühe samt Fleisch und Eiern darübergießen. Die Flüssigkeit sollte in den frisch gekochten Reis eindringen, während sich die Eier und das Hähnchenfleisch wie ein Deckel darauflegen.
7. Mit den Frühlingszwiebeln und dem Sesam bestreuen. Sofort servieren.

# Tamago Kake Gohan

**4 Portionen**

4 Portionen heißer, frisch gekochter weißer Rundkornreis (etwa 300 g ungekochter Reis)
4 kleine Eier
1 EL japanische Sojasauce
4 TL Mirin (süßer Reiswein)
4 TL Reisessig
4 Eigelb
2 EL Furikake (japanische Reis-Gewürzmischung, online erhältlich)
½ EL Schnittlauchröllchen

---

Die Antwort des Reises auf Pasta Carbonara. Die Eier werden in richtig dampfenden, frisch gekochten Reis gemischt und legen sich wie eine klebrige Sauce um diesen. Das Original wird mit Nori und Sesam bestreut.

---

1. Den Reis mit 4 aufgeschlagenen Eiern vermischen. Gründlich mit Stäbchen umrühren, um einen wirklich klebrigen Reis zu erhalten. Die Eier werden durch die Wärme des Reises leicht gekocht.
2. Anschließend die Sojasauce, das Mirin und den Reisessig zugeben und alles vermischen.
3. In vier Portionsschalen verteilen. Eine kleine Vertiefung in den Reis drücken und pro Schale ein Eigelb hineingeben.
4. Mit der Furikake und dem Schnittlauch bestreuen. Sofort servieren.

# Tsukune

**4 Portionen**

8 Holzspieße
350 g Filet vom Hähnchenschenkel (ohne Haut)
1 ½ EL weißes Miso
2 Frühlingszwiebeln, fein zerkleinert
2 TL + 2 EL japanische Sojasauce
evtl. 6 große Shiso-Blätter, fein zerkleinert
Sesamöl
1 EL Mirin (süßer Reiswein)
4 Eigelb zum Dippen

---

Frisch gegrillte saftige Hähnchenspieße, getaucht in cremiges Eigelb. Ein häufiges Gericht in japanischen Izakayas oder kleinen Kneipen mit Tischgrill. Eine einfache Regel für den Erfolg mit diesen Spießen ist, NIEMALS die Abkürzung über Geflügelhackfleischzu nehmen. Das Hähnchenfleisch muss von Hand gehackt werden, um die Spieße saftig und lecker zu machen.

---

1. Die Holzspieße einweichen.
2. Das Hähnchenfilet mit einem Messer zu feinem Hackfleisch zerkleinern. Mit Miso, Frühlingszwiebeln, 2 TL Sojasauce und eventuell den Shiso-Blättern mischen.
3. Das Hackfleisch immer im Uhrzeigersinn rühren, damit es weich wird. Wird in verschiedene Richtungen gerührt, legen sich die Fasern quer, und das Hackfleisch wird beim Zubereiten nicht annähernd so saftig und zart. Das mag albern klingen, macht aber tatsächlich einen unglaublichen Unterschied.
4. Das Hackfleisch in acht gleich große Portionen teilen. Mit geölten Händen (Sesamöl) zu runden Kugeln rollen und diese um die Spieße formen.
5. Die Fleischspieße etwa 10 Minuten auf allen Seiten grillen oder braten, bis sie schön gebräunt sind.
6. 2 EL Sojasauce und das Mirin in einer kleinen Schüssel mischen und die Spieße gegen Ende des Bratens damit bestreichen.
7. Sofort mit einer kleinen Schüssel Eigelb als Dip servieren.

# Chawan-mushi

**4 Portionen**

1 ½ EL weiße Misopaste
1 TL Zucker
2 TL japanische Sojasauce
3 Eier
100 g Butter

---

Die cremigste Sache der Welt. Chawanmushi ist eine gedämpfte Eiercreme, eine japanisch-salzige Variante von Crème brûlée, die mit Dashi oder Miso aromatisiert wird. Ich serviere sie oft als Vorspeise oder zusammen mit anderen kleineren Gerichten – dann träufle ich etwas gebräunte Butter darauf. Eier schmecken immer.

---

1. In einem Topf das Miso, den Zucker und die Sojasauce mit 150 ml Wasser verquirlen. Erhitzen und kurz abkühlen lassen.
2. Die Eier hineinrühren.
3. Vier Portionsformen füllen. Dabei den Schaum und Blasen auf der Oberfläche mit einem Blatt Küchenpapier entfernen.
4. Die Formen vorsichtig in Frischhaltefolie wickeln und 8–10 Minuten in einem Bambusdämpfer dämpfen.
5. In der Zwischenzeit die Butter in einem Topf zerlassen. Sie sollte Blasen werfen, braun werden und nussig riechen.
6. Die Eiercreme mit der gebräunten Butter übergießen und sofort servieren (nicht abkühlen lassen).

# Torta Pasqualina

Italienischer Osterkuchen mit knusprigem Boden aus Filoteig. Hoher Wow-Faktor, weil man die ganzen Eier im Kuchen sehen kann, wenn man ihn durchschneidet. Idealerweise sollten es 33 Schichten Filoteig sein, entsprechend den Lebensjahren von Jesus, als er ans Kreuz genagelt wurde.

**10 Stücke**

100 g Butter
400 g frischer Filoteig
2 Scheiben weißes Sauerteigbrot
500 g Ricotta
8 Eier
50 g fein geriebener Parmesan
1 TL gerebelter Oregano
1 Prise geriebene Muskatnuss
500 g gefrorener Blattspinat (aufgetaut und ausgepresst)
Salz und frisch gemahlener schwarzer Pfeffer

1. Den Backofen auf 200 °C (Umluft) vorheizen.
2. Die Butter schmelzen.
3. Eine Springform (24 cm Durchmesser) mit Filoteig auslegen. Jedes Teigblatt mit geschmolzener Butter bestreichen und überlappend in die Form legen. Die Blätter über den Rand hängen lassen. 5 Blätter Filoteig zum Abdecken des Kuchens aufheben.
4. Das Brot zerkrümeln und mit dem Ricotta, 2 Eiern, dem Parmesan, dem Oregano, der Muskatnuss und dem Blattspinat vermischen. Mit Salz und Pfeffer so abschmecken, dass die Masse schön salzig ist.
5. Nun die ausgelegte Form mit dieser Masse füllen. Sechs Vertiefungen in den Teig drücken und die restlichen Eier darin aufschlagen.
6. Mit 5 Blättern eingebuttertem Filoteig abdecken.
7. Den überhängenden Filoteig in die Mitte der Springform umklappen, sodass ein Teigrand um den Kuchen entsteht.
8. In der Mitte des Ofens etwa 1 Stunde backen.
9. Abkühlen lassen und lauwarm oder kalt servieren.

# Vorspeisen & Snacks

# Schottische Eier klassisch

Ein typischer Pub-Snack. Cremiges Ei, in Wurstbrät gebacken, mit frittierter Schale rundherum und dazu noch ein Ale – britischer geht es nicht. Es mag schwierig erscheinen, das weich gekochte Ei in das Wurstbrät zu hüllen, aber mithilfe von Händen und Frischhaltefolie bekommt man das Brät um das Ei herum. Wenn die Eier frittiert werden, schwillt das Brät leicht an, und manchmal kann es Risse in der Panade geben. Um dies zu vermeiden, sollte das Öl auf einer gleichmäßigen Temperatur gehalten werden, damit es nicht zu heiß wird und dem Wurstbrät einen Schock versetzt. Am besten verwendet man eine Fritteuse, aber es klappt auch mit einem Topf.

**6 Stück**

6 gekochte 6-Minuten-Eier, siehe Seite 8
250 g frische britische (oder eine andere neutral schmeckende frische) Wurst
150 g Hackfleisch vom Schwein
2 EL fein gehackter Salbei
1 Prise fein geriebene Muskatnuss
2 EL Worcestershiresauce
1 EL grober französischer Senf
Salz und frisch gemahlener schwarzer Pfeffer

**Zum Frittieren**
150 g Weizenmehl
2 Eier, verquirlt
200 g Semmelbrösel
1 ½ l neutrales Raps- oder Bratöl

1. Die Eier weich kochen und zum Abkühlen kalt abspülen.
2. Die Haut von der Wurst abziehen. Das Wurstbrät mit dem Hackfleisch, dem Salbei, der Muskatnuss, der Worcestershiresauce und dem Senf in der Küchenmaschine zu einem glatten Hackteig mischen. Mit Salz und Pfeffer würzen und etwa 30 Minuten kühl stellen.
3. Den Backofen auf 175 °C (Ober-/Unterhitze) vorheizen.
4. Die Hackfleischmasse zu sechs Kugeln à 75 g rollen und einzeln auf Frischhaltefolie zu runden Platten von jeweils etwa 15 cm Durchmesser drücken.
5. Ein Ei in die Mitte legen, mit der Fleischmasse vorsichtig umhüllen.
6. Die Eier zuerst in Mehl, dann in verquirltem Ei und zuletzt in den Semmelbröseln wenden. Darauf achten, dass die Panade alles gut bedeckt. Erneut für mindestens 15 Minuten kühl stellen.
7. Das Öl in einer Pfanne auf 180 °C erhitzen.
8. Die Eier etwa 2 Minuten frittieren, bis sie rundum goldbraun sind.
9. Auf Küchenpapier abtropfen lassen, dann auf ein Backblech mit Gitterrost legen. In der Mitte des Ofens 8–10 Minuten backen, bis das Hackfleisch durchgegart ist.
10. Heiß oder kalt mit englischem Senf und Worcestershiresauce servieren.

# Schottische Eier mit Chorizo

**6 Stück**

6 gekochte 6-Minuten-Eier, siehe Seite 8
½ gelbe Zwiebel, gerieben
½ Knoblauchzehe, fein gerieben
1 ½ TL geräuchertes spanisches Paprikapulver
20 g Butter
200 g frische Chorizo
200 g Hackfleisch vom Schwein
Salz und frisch gemahlener schwarzer Pfeffer

**Zum Frittieren**
150 g Weizenmehl
2 Eier, verquirlt
200 g Semmelbrösel
1 ½ l neutrales Raps- oder Bratöl

1. Die Eier weich kochen und zum Abkühlen kalt abspülen.
2. Die Zwiebel mit dem Knoblauch und dem Paprikapulver in der Butter anbraten.
3. Die Haut von der Wurst abziehen. Das Wurstbrät mit dem Hackfleisch und der Zwiebel-Mischung in der Küchenmaschine zu einem glatten Hackteig mischen. Mit Salz und Pfeffer würzen und etwa 30 Minuten kühl stellen.
4. Den Backofen auf 175 °C (Ober-/Unterhitze) vorheizen.
5. Die Hackfleischmasse zu sechs Kugeln à 75 g rollen und einzeln auf Frischhaltefolie zu runden Platten von jeweils etwa 15 cm Durchmesser drücken.
6. Ein Ei in die Mitte legen, mit der Fleischmasse vorsichtig umhüllen.
7. Die Eier zuerst in Mehl, dann in verquirltem Ei und zuletzt in den Semmelbröseln wenden. Darauf achten, dass die Panade alles gut bedeckt. Erneut für mindestens 15 Minuten kühl stellen.
8. Das Öl in einer Pfanne auf 180 °C erhitzen.
9. Die Eier etwa 2 Minuten frittieren, bis sie rundum goldbraun sind.
10. Auf Küchenpapier abtropfen lassen, dann auf ein Backblech mit Gitterrost legen. In der Mitte des Ofens 8–10 Minuten backen, bis das Hackfleisch durchgegart ist. Heiß oder kalt servieren.

# Schottische Eier mit Blutpudding

**6 Stück**

6 gekochte 6-Minuten-Eier, siehe Seite 8
½ gelbe Zwiebel, gerieben
20 g Butter
150 g frische britische (oder eine andere neutral schmeckende frische) Wurst
250 g Blutpudding (online erhältlich) oder rote Grützwurst
1 Prise gemahlene Muskatnuss
2 EL Worcestershiresauce
Salz und frisch gemahlener schwarzer Pfeffer

1. Die Eier weich kochen und zum Abkühlen kalt abspülen.
2. Die Zwiebel in Butter anbraten, bis sie weich und goldbraun sind.
3. Die Haut von der Wurst abziehen. Das Wurstbrät mit dem zerkrümelten Blutpudding, der Zwiebel, der Muskatnuss und der Worcestershiresauce in der Küchenmaschine zu einem glatten Hackteig mischen. Mit Salz und Pfeffer würzen und etwa 30 Minuten kühl stellen.
4. Den Backofen auf 175 °C (Ober-/Unterhitze) vorheizen.
5. Die Brätmasse zu sechs Kugeln à 75 g rollen und einzeln auf Frischhaltefolie zu runden Platten von jeweils etwa 15 cm Durchmesser drücken.

**Zum Frittieren**
150 g Weizenmehl
2 Eier, verquirlt
200 g Semmelbrösel
1 ½ l neutrales Raps- oder Bratöl

6 Ein Ei in die Mitte legen, mit der Fleischmasse vorsichtig umhüllen.
7 Die Eier zuerst in Mehl, dann in verquirltem Ei und zuletzt in den Semmelbröseln wenden. Darauf achten, dass die Panade alles gut bedeckt. Erneut für mindestens 15 Minuten kühl stellen.
8 Das Öl in einer Pfanne auf 180 °C erhitzen.
9 Die Eier etwa 2 Minuten frittieren, bis sie rundum goldbraun sind.
10 Auf Küchenpapier abtropfen lassen, dann auf ein Backblech mit Gitterrost legen. In der Mitte des Ofens 8–10 Minuten backen, bis die Brätmasse durchgegart ist. Heiß oder kalt servieren.

# Schottische Eier mit Kartoffel-Curry

**6 Stück**

150 g Lauch, zerkleinert
200 g Karotten, grob gerieben
2 TL Currypulver
1 TL Koriandersamen, zerstoßen
1 TL Kreuzkümmelsamen, zerstoßen
Öl
450 g gekochte feste Kartoffeln, gewürfelt
Salz und frisch gemahlener schwarzer Pfeffer
1 Bund Koriander, gehackt
6 gekochte 6-Minuten-Eier, siehe Seite 8

**Zum Frittieren**
50 g Reismehl
150 g Weizenmehl
2 Eier, verquirlt
200 g Semmelbrösel
1 ½ l neutrales Raps- oder Bratöl

1 Den Lauch, die Karotten und die Gewürze mit 3 EL Öl in einer Pfanne anrösten.
2 50 ml Wasser hinzufügen und das Gemüse einkochen lassen.
3 Die Kartoffeln dazugeben und erhitzen. Mit Salz und Pfeffer würzen.
4 Die Kartoffelmasse in eine Schüssel geben, mit Reismehl und den Korianderblättern vermischen. Abkühlen lassen.
5 Die Eier weich kochen und zum Abkühlen kalt abspülen.
6 Die Kartoffelmasse in sechs gleich große Portionen teilen und einzeln auf Frischhaltefolie zu runden Platten drücken.
7 Ein Ei in die Mitte legen, mit der Kartoffelmasse vorsichtig umhüllen.
8 Die Eier zuerst in Reismehl, dann in verquirltem Ei, dann in Weizenmehl, wieder in verquirltem Ei und zuletzt in den Semmelbröseln wenden. Darauf achten, dass die Panade alles gut bedeckt.
9 Das Öl in einer Pfanne auf 180 °C erhitzen.
10 Die Eier portionsweise rundherum goldbraun frittieren. Auf Küchenpapier abtropfen lassen. Heiß oder kalt servieren.

*Schottische Eier – mit Chorizo, Blutpudding oder mit Kartoffel-Curry*

# Chinesische Tee-Eier

Chinesische Tee-Eier werden als Snacks gegessen und sind in China an jeder Straßenecke zu finden.

**8 Stück**

8 gekochte 8-Minuten-Eier, siehe Seite 8
1 ½ EL schwarzer neutraler Tee
150 ml chinesische Sojasauce
50 ml japanische Sojasauce
3 Sternanis
1 Zimtstange
½ TL Fenchelsamen
½ TL Sichuan-Pfefferkörner
2 Gewürznelken
1 Stück Ingwer (etwa 5 cm), geschält und in Scheiben geschnitten
3 EL Reisessig
2 EL Zucker

1. Die Eier kochen und zum Abkühlen kalt abspülen.
2. Die Eierschalen rundherum knacken, ohne sie von den Eiern zu lösen, sodass Risse entstehen, in die die Marinade später gut eindringen kann.
3. 350 ml Wasser mit allen weiteren Zutaten zum Kochen bringen. Die Eier hineinlegen und etwa 1 Minute köcheln lassen.
4. Anschließend in ein Glas geben und die Gewürzmarinade darübergießen. Abkühlen lassen.
5. Mindestens über Nacht in den Kühlschrank stellen. Insgesamt halten sich die Eier gekühlt bis zu 1 Woche.
6. Die Eier pellen und staunen, welch farbige Muster die dunkle Flüssigkeit im Ei hinterlassen hat.

# Eingelegte Rote-Bete-Eier

**8 Stück**

2 Rote Bete
200 ml Weißweinessig
90 g Zucker
2 Lorbeerblätter
5 Pimentkörner
½ rote Zwiebel, in Scheiben geschnitten
8 gekochte 11-Minuten-Eier, siehe Seite 8

1. Die Rote Bete schälen und in Spalten teilen. Zugedeckt in 500 ml Wasser weich kochen, sodass sich das Wasser rot färbt.
2. Die Rote Bete herausnehmen. 300 ml des Kochwassers mit dem Essig, dem Zucker, den Lorbeerblättern, den Pimentkörnern und der Zwiebel mischen. Die Lake abkühlen lassen.
3. Die Eier kochen, dann mit kaltem Wasser abspülen, pellen und in ein Glas geben. Mit Lake aufgießen, sodass die Eier bedeckt sind.
4. Über Nacht im Kühlschrank aufbewahren. Je länger die Eier stehen, desto rosafarbener wird das Eiweiß. Die Eier halten sich bis zu 1 Woche im Kühlschrank.

# Eingelegte Dill-Eier

**8 Stück**

200 ml Weißweinessig
90 g Zucker
3 Lorbeerblätter
5 Pimentkörner
1 ½ TL gelbe und braune Senfkörner
8 gekochte 11-Minuten-Eier, siehe Seite 8
½ gelbe Zwiebel
2 Stängel Dill

1. Eine Lake aus 300 ml Wasser, dem Essig, dem Zucker, den Lorbeerblättern, den Piment- und den Senfkörnen zum Kochen bringen. Abkühlen lassen.
2. Die Eier kochen, dann mit kaltem Wasser abspülen und pellen.
3. Nun abwechselnd die Eier, die Zwiebel und den Dill in ein Glas schichten und mit der Lake begießen. Über Nacht oder länger im Kühlschrank stehen lassen. Die Eier halten sich bis zu 1 Woche im Kühlschrank.

# Teufelseier

**4 Portionen**

4 gekochte 11-Minuten-Eier, siehe Seite 8
95 g Mayonnaise, siehe Seite 37
2 EL Schnittlauchröllchen
½ TL spanisches geräuchertes Paprikapulver
2 Prisen Salz

1. Die Eier kochen und zum Abkühlen kalt abspülen.
2. Dann vorsichtig in zwei Hälften teilen und das Eigelb mit einem Löffel herausschälen.
3. Das Eigelb mit der Hälfte der Mayonnaise glatt schlagen. Den Rest der Mayonnaise, die Hälfte des Schnittlauchs, die Hälfte des Paprikapulvers und Salz in die Masse geben.
4. Die Creme in einen Spritzbeutel füllen und in die Eierhälften spritzen. Mit dem restlichen Schnittlauch und etwas Paprikapulver dekorativ bestreuen.

# Ostereier

**4–6 Portionen**

1 rote Zwiebel, fein gehackt
2 EL frisch gepresster Zitronensaft
1 Prise Salz
6 gekochte 8-Minuten-Eier, siehe Seite 8
4 EL Crème fraîche
4 EL Maränenrogen (online erhältlich)
12 frische Garnelen, geschält
½ Schale Gartenkresse
2 EL abgezupfte Dillspitzen

1. Die Zwiebel, den Zitronensaft und das Salz vermischen, mindestens 10 Minuten stehen lassen.
2. Die Eier kochen und zum Abkühlen kalt abspülen.
3. Anschließend halbieren und mit der Crème fraîche, dem Maränenrogen, den Garnelen und der Zwiebel belegen. Mit den Kresse- und Dillspitzen dekorativ bestreuen.

# Lachs-Rillette mit pochiertem Wachtelei

Ich liebe Rillettes auf gerösteten Baguettescheiben. Das klassische Rillette wird aus lange gebackenem Schwein hergestellt, aber Rillettes gibt es auch von Huhn, Ente und Fisch. Warm geräucherter Lachs ist die schnellste und einfachste Variante, die ich oft mit pochierten Wachteleiern serviere. Der Lachs wird dabei ohne besondere Zubereitung einfach zerdrückt, mit weiteren Zutaten gründlich vermengt und dann serviert.

**4-6 Portionen**

100 ml Tafelessig
10 Wachteleier
200 g warm geräucherter Lachs
2 EL Crème fraîche
2 EL Mayonnaise, siehe Seite 37
Salz
1 EL Olivenöl
10 dünne Scheiben Baguette
1-2 EL fein geriebener Meerrettich
2 EL Schnittlauchröllchen
Salzflocken

1 Den Essig und 100 ml kaltes Wasser in einer Schüssel vermischen. Die Eier mithilfe eines kleinen Obstmessers öffnen und nacheinander in die säuerliche Essigsäureflüssigkeit schlagen.
2 Einen großen Topf mit Wasser zum Kochen bringen und die Essigsäureflüssigkeit mit allen Eiern vorsichtig in das heiße Wasser schütten. Etwa 2 Minuten köcheln lassen, dann die Eier mit einem Schaumlöffel herausnehmen und in kaltes Wasser geben.
3 Den Lachs in einer Schüssel zerdrücken. Mit einem elektrischen Handmixer zusammen mit der Crème fraîche und der Mayonnaise mixen. Mit Salz abschmecken.
4 Eine Pfanne mit dem Öl erhitzen und die Brotscheiben darin rösten. Abkühlen lassen.
5 Das Lachs-Rillette, die Wachteleier, den Meerrettich und den Schnittlauch auf dem Brot verteilen. Mit Salzflocken bestreut servieren.

# In Avocado gebackenes Ei

Frühstück, Brunch, Mittagessen. Je nachdem, wie groß der Avocadokern war und wie groß das Ei ist, müssen Sie die Avocado manchmal etwas mehr aushöhlen, damit das Ei hineinpasst. Eine andere Möglichkeit ist, etwas Eiweiß zu entfernen, damit es Platz in der Avocadohälfte findet.

**4 Stück**

2 Avocados
4 kleine Eier
¼ Silberzwiebel, fein gehackt
2 EL fein gehackter Koriander
½ TL Chiliflocken
1 EL frisch gepresster Limettensaft
3 EL Olivenöl
Salzflocken

1. Den Backofen auf 175 °C (Ober-/Unterhitze) vorheizen.
2. Die Avocados halbieren und die Kerne herausnehmen. Eine kleine Scheibe auf der Unterseite der Schale abschneiden, damit die Hälften gerade stehen können. Auf ein Backblech geben.
3. Die Eier in die Avocadohälften aufschlagen. Wenn zu viel, etwas Eiweiß entfernen – das hängt von der Größe des Eis und der des Lochs in der Avocado ab.
4. In der Mitte des Ofens etwa 15 Minuten backen, bis das Eiweiß gestockt ist.
5. Die Silberzwiebel, den Koriander, die Chiliflocken, den Limettensaft und das Öl vermischen und über die Avocados träufeln. Mit Salzflocken bestreuen.

Das Wort Cocotte kommt von der Form, in der das Gericht zubereitet wird – einer klassischen französischen runden Porzellanform mit geraden Kanten, in denen die Eier gleichmäßig und cremig garen. Sie können die Eier entweder wie in diesem Rezept im Ganzen hineinschlagen oder sie verrühren, um eine omelettartigere Konsistenz zu erhalten.

# Cocotte mit Tomaten

**4 Portionen**

1 gelbe Zwiebel, fein gehackt
1 Knoblauchzehe, fein gehackt
1 rote Paprikaschote, fein gehackt
1 TL ganze Kreuzkümmelsamen, zerstoßen
2 EL Olivenöl
1 Dose gehackte Tomaten
Salz und frisch gemahlener schwarzer Pfeffer
4 Eier
1 Bund Koriander, fein gehackt

1. Den Backofen auf 200 °C (Ober-/Unterhitze) vorheizen. Eine Form mit Wasser hineinstellen, die als Wasserbad fungieren kann.
2. In einer Pfanne die Zwiebel, den Knoblauch und die Paprika zusammen mit dem Kreuzkümmel in Öl anrösten, bis die Zwiebeln weich sind. Die Tomaten und 100 ml Wasser hinzufügen. Etwa 10 Minuten unbedeckt köcheln lassen. Mit Salz und Pfeffer würzen.
3. Die Sauce in vier kleine Cocotte-Formen portionieren. Je ein Ei hineinschlagen, auch dieses salzen und pfeffern.
4. Die Formen mit Alufolie abdecken, in das Wasserbad stellen und 10 Minuten backen, bis das Eiweiß gestockt und das Eigelb noch etwas cremig ist.
5. Mit Koriander bestreuen und mit gerösteten Brotstangen servieren.

# Cocotte mit Spinat

**4 Portionen**

120 g Blattspinat
½ EL Olivenöl
4 EL flüssige Sahne
4 EL fein geriebener Parmesan
4 Eier
Salz und frisch gemahlener schwarzer Pfeffer
2 EL Schnittlauchröllchen

1. Den Backofen auf 200 °C (Ober-/Unterhitze) vorheizen. Eine Form mit Wasser hineinstellen, die als Wasserbad fungieren kann.
2. Den Spinat in Öl in einer Pfanne anbraten. Zusammen mit der Sahne und dem Käse in vier kleine Cocotte-Formen verteilen.
3. Je ein Ei hineinschlagen. Salzen und pfeffern.
4. Die Formen mit Alufolie abdecken, in das Wasserbad stellen und 10 Minuten backen, bis das Eiweiß gestockt und das Eigelb noch etwas cremig ist.
5. Mit dem Schnittlauch bestreuen und mit gerösteten Brotstangen servieren.

# Warme Radieschen mit weich gekochtem Ei und Five-Spice-Schweinefleisch

Im legendären Restaurant Mission Chinese Food in San Francisco habe ich schnell gewokte Radieschen in einer scharfen, öligen Sauce mit Five-Spice-Gewürz und knusprigen Schweinefleischstücken gegessen. Besonders gut an dem Gericht ist, dass es beinahe vor Fett trieft – vor gutem Fett. Also bitte das Bratenfett vom Schweinebauch nicht wegschütten, sondern darin die Radieschen und den Spinat schwenken, sodass es das Gemüse umhüllt. Mit dem fettigen Bratensaft, dem geräucherten Schweinefleisch und dem perfekt gekochten Ei ist das Ganze eine echte Geschmacksexplosion.

**4 Portionen**

2–4 gekochte 7-Minuten-Eier, siehe Seite 8
200 g geräucherter Schweinebauch oder Speck, gewürfelt
1 gelbe Zwiebel, fein gehackt
1 Knoblauchzehe, fein gehackt
2 TL Five-Spice-Gewürz
2 TL Rohzucker
2 ½ EL Weißweinessig
2 Bund Radieschen, halbiert
1 Bund Koriander, gehackt
80 g frischer Blattspinat
Salz

1. Die Eier kochen.
2. Das Schweinefleisch in einer großen Pfanne knusprig braten und gegen Ende die Zwiebel, den Knoblauch, das Five-Spice-Gewürz und den Zucker dazugeben. Einige Minuten braten, bis die Zwiebel weich wird.
3. Den Essig, die Radieschen, den Koriander und den Spinat hinzufügen. Etwa 1 Minute braten, damit die Radieschen warm werden. Mit Salz und eventuell mehr Essig abschmecken. Es soll eine feine Balance zwischen dem rauchig-salzigen Fleisch, dem süßen Zucker und dem säuerlichen Essig erreicht werden.
4. Auf vier Teller verteilen, die Eier daraufgeben und mit Reis servieren.

# 63-Grad-Ei mit Maränenrogen und Brokkoli-Creme

Ein 63-Grad-Ei ist weich wie Baumwolle im Mund. Und um das Geschmackserlebnis noch weicher zu machen, serviere ich das Ei meist mit einem Gemüsepüree, etwas Maränenrogen und Croûtons. Manchmal lasse ich die Croûtons weg und serviere stattdessen geröstetes Weißbrot dazu, das man in das Püree und das weiche Ei tauchen kann. Einfach nur lecker!

**4 Portionen**

4 gekochte 63-Grad-Eier, siehe Seite 30
2 Scheiben weißes Sauerteigbrot, gewürfelt
Butter
Salz
350 g Brokkoli
1 TL Bicarbonat
25 g fein gehackter Dill
50 g Butter
1 ½ TL Zitronensaft
200 g saure Sahne
50 g Maränenrogen (online erhältlich)
frisch gemahlener schwarzer Pfeffer

1 Die Eier kochen.
2 Das Brot in Butter knusprig braten. Dann salzen und zu knusprigen Croûtons abkühlen lassen.
3 Den Brokkoli in kleine Röschen teilen. Die Stiele schälen und mit einem Gemüsehobel in dünne Scheiben schneiden. Dann in eiskaltes Wasser legen.
4 1 l Wasser in einem Topf zusammen mit Bicarbonat und 1 ½ EL Salz zum Kochen bringen. Die Brokkoliröschen darin weich kochen. In ein Sieb abgießen und gut abtropfen lassen.
5 Zusammen mit dem Dill und der Butter in einem Mixer zu einem glatten Püree verrühren. Mit Zitronensaft und Salz abschmecken. Das Püree abkühlen lassen. Im Kühlschrank aufbewahren (es bleibt 2 Tage frisch.)
6 Die Scheiben des Brokkolistiels aus dem Wasser nehmen, auf Küchenpapier abtropfen lassen und auf tiefe Teller verteilen.
7 Die saure Sahne und das Brokkolipüree auf die Brokkolischeiben geben. Den Maränenrogen darauf verteilen. Mit einem Löffel saure Sahne, Püree und Rogen auf den Brokkolischeiben leicht verrühren. Mit den Eiern belegen und mit dem Dill bestreuen. Salzen und pfeffern. Croûtons darüberstreuen und servieren.

# Süsses & Cocktails

Knuspriger Blätterteig und eine zarte Vanillecreme, die im Ofen gebacken wurde, viel Farbe bekommen hat und nun lecker karamellig schmeckt. Einfach köstlich zu einer Tasse Espresso.

*Pastel de Nata*

# Pastel de Nata – Portugiesische Eier-Tarte

**12 Stück**

**Teig**
½ Würfel frische Hefe (etwa 20 g)
300 ml Vollmilch
45 g Zucker
1 Ei
½ TL Salz
450–500 g Mehl
300 g kalte Butter

**Füllung**
250 ml Vollmilch
225 g Zucker
1 Prise Salz
Schale von 1 unbehandelten Zitrone (mit dem Messer in Streifen abgeschält)
2 Zimtstangen
30 g Mehl
8 Eigelb

**Teig**

1. Die Hefe in eine Schüssel bröseln und mit der Milch vermischen. Den Zucker, das Ei und das Salz hinzufügen. Mit einem Schneebesen glatt schlagen.
2. Das Mehl hinzufügen und zu einem glatten Teig arbeiten. Mit etwas Mehl bestreuen, die Schüssel mit Frischhaltefolie abdecken und 30 Minuten bei Zimmertemperatur gehen lassen. Dann den Teig weitere 30 Minuten im Kühlschrank gehen lassen.
3. Dann den Teig zu einem Rechteck, etwa 30 × 40 cm, auf einer bemehlten Arbeitsfläche ausrollen.
4. Die Butter mit einem Käsehobel über eine Hälfte des Teigs hobeln. Etwa 2 cm Teigrand ohne Butter lassen. Die Ränder und die Teighälfte ohne Butter über die Butter falten. Die Ränder zusammendrücken, sodass die Butter vollständig eingepackt ist.
5. Den Teig leicht ausrollen, bis er etwa 1 cm dick ist. 3 Mal falten.
6. Einige Male über den Teig rollen. Den Teig, in Frischhaltefolie eingewickelt, 30 Minuten in den Kühlschrank stellen.
7. Auf etwa 1 cm Dicke ausrollen und 3 Mal falten. Einige Male über den Teig rollen, in Frischhaltefolie eingewickelt, 30 Minuten in den Kühlschrank stellen. 4 Mal wiederholen.

**Füllung**

8. In einem Topf 200 ml Milch, 250 ml Wasser, den Zucker, das Salz, die Zitronenschale und die Zimtstangen zum Kochen bringen.
9. Die restliche Milch mit dem Mehl vermengen und in die heiße Flüssigkeit rühren. Zu einer dickeren Konsistenz kochen lassen.
10. In eine Schüssel gießen und die Eier unterrühren. Abkühlen lassen.

**Kurz vor dem Backen**

11. Den Backofen auf 250 °C (Ober-/Unterhitze) vorheizen, bevor der Teig ausgerollt wird.
12. Die Hälfte des Teigs etwa 1 cm dick ausrollen und zu einer Rolle formen. Den übrigen Teig für weitere *Pastéis de Nata* oder andere Blätterteiggerichte im Gefrierschrank aufbewahren.
13. Die Teigrolle in etwa 1 ½ cm dicke Scheiben schneiden und in mit Butter ausgestrichene Muffinformen drücken.
14. Nicht ganz bis zum Rand mit der Füllung füllen. In der Mitte des Ofens etwa 10 Minuten backen.
15. In der Form abkühlen lassen und dann auf ein Gitterrost stellen.

# Eiercreme-Pie

Hier besteht die Kunst darin, die Tarte genau die richtige Zeit lang zu backen. Zu kurz und sie wird zu locker, zu lange und sie wird in Geschmack und Konsistenz wie ein Omelett. Man kann die Füllung etwa mit einer Crème brûlée vergleichen: Sie sollte noch etwas wackelig sein, wenn man sie aus dem Ofen nimmt.

**8–10 Stück**

**Boden**
60 g Puderzucker
180 g Mehl
125 g eiskalte Butter, in kleinen Würfeln
1 TL Weißweinessig
1 Eigelb

**Füllung**
1 Eiweiß (zum Bestreichen des Bodens)
3 Eier
180 g Zucker
1 Prise Bourbonvanille
1 Prise Salz
700 ml Vollmilch
½ TL geriebene Muskatnuss

1. Den Puderzucker und das Mehl in einer Schüssel vermengen. Mit der Butter, dem Essig und dem Eigelb zu einem krümeligen Teig arbeiten, am besten mit noch kleinen Butterstücken im Teig. Zu einer Teigkugel formen und flach drücken. In Frischhaltefolie eingewickelt, mindestens 30 Minuten in den Kühlschrank legen.
2. Den Teig auf etwa 3 mm Dicke ausrollen. Eine Tarte-Form (24 cm) mit dem Teig auslegen.
3. Den Boden mehrfach mit einer Gabel einstechen. 30 Minuten in den Gefrierschrank stellen.
4. Den Backofen auf 200 °C (Umluft) vorheizen.
5. Den Boden etwa 10 Minuten in der Mitte des Ofens backen.
6. Aus dem Ofen nehmen und mit Eiweiß bestreichen, sodass das Eiweiß einen Film auf dem Boden bildet. 3 Minuten in den Ofen stellen, damit das Eiweiß fest wird.
7. Die Eier, den Zucker, die Vanille, das Salz, die Milch und die Hälfte der geriebenen Muskatnuss verquirlen.
8. Die Füllung auf den Boden geben und die Tarte in der Mitte des Ofens etwa 45 Minuten backen, bis die Füllung ein wenig fest, aber noch leicht zähflüssig ist.
9. Die Tarte nicht zu lange backen – sonst schmeckt sie wie Rührei.
10. Aus dem Ofen nehmen und die übrige Muskatnuss darübergeben. Mindestens 3 Stunden, am besten über Nacht, abkühlen lassen und dann kalt stellen.
11. Die Tarte kalt und nach Belieben mit etwas Schlagsahne servieren.

# Chinesische Eier-Tarte

Eine Mischung aus Pastel de Nata und Custard Pie. Mit Mürbeteig als Boden und einer etwas festeren Cremefüllung mit Vanillegeschmack ist dies das berühmteste chinesische Gebäck. Im Gegensatz zu Pastel de Nata sollte die Eier-Tarte idealerweise überhaupt keine Farbe bekommen.

**Etwa 36 Stück**

**Teig**
150 g eiskalte Butter + mehr zum Fetten
250 g Mehl
30 g Puderzucker
1 Ei
2 Prisen Salz

**Füllung**
135 g Zucker
2 TL Maisstärke
1 Prise Salz
200 ml Vollmilch
150 g flüssige Sahne
7 Eigelb

1. Den Backofen auf 200 °C (Ober-/Unterhitze) vorheizen.
2. Ein Muffinblech oder 12 Muffinformen mit Butter fetten.
3. Die Butter, das Mehl und den Puderzucker schnell zu einem krümeligen Teig vermengen. Das Ei und das Salz hinzufügen. Schnell zu einem Teig arbeiten. Den Teig zu einer Rolle formen und in 12 gleich große Stücke teilen.
4. Die Teigstücke in die Form drücken. Im Kühlschrank mindestens 30 Minuten ruhen lassen.
5. Für die Füllung den Zucker, die Maisstärke und das Salz in einer Schüssel vermischen. Mit der Milch, der Sahne und dem Eigelb zu einer glatten Masse verrühren.
6. Die Masse in die Muffinformen füllen. Nicht ganz bis an den Rand, damit die Füllung beim Backen nicht überläuft.
7. In der Mitte des Ofens etwa 20 Minuten backen. Der Teig sollte fest sein, aber beim Anfassen noch etwas weich sein. In der Form abkühlen lassen und dann auf ein Gitterrost stellen.

# Das berüchtigte Soufflé

Für viele ist es ein Horror, eine Baisermasse zusammenzurühren und sie dann im Ofen aufgehen zu lassen. Aber keine Panik, es gibt Tricks.

Es gibt zwei Möglichkeiten, ein Soufflé zu formen. Die eine ist, die Masse schön in die Form zu spritzen, die dann im Ofen zu einem kleinen runden Soufflé mit Spitze aufgeht. Die zweite Variante ist, einen kräftigen Klecks Baisermasse in die Form zu spritzen und mit einem Spatel über die Oberseite zu streichen, sodass die Masse mit der Backform abschließt. Das Soufflé bekommt dann eine flache Oberfläche, was beim Servieren schick aussehen kann. Es gibt keinen großen Unterschied beim Backen der verschiedenen Varianten, aber das Soufflé mit der Spitze kann oben etwas stärker gebacken sein, weil es höher im Ofen steht. Wichtig bei der Herstellung von Soufflé ist, dass es niemals zu lange im Ofen sein sollte. Wird das Soufflé zu lange gebacken, fällt es sofort in sich zusammen, wenn es aus dem Ofen kommt. Ist aber ein kleiner Kern noch flüssig, hält das Soufflé bis zum Servieren gut und fällt erst zusammen, wenn man den Löffel in die luftige Masse steckt.

Die Porzellanform ist auch wichtig. Sicher sieht eine spezialdesignte Form gut aus, aber um erfolgreich zu sein, sollten Sie eine klassische französische Soufflé-Form benutzen, die auch Cocotte-Form genannt wird. Durch ihre Dicke, Höhe und Form wird das Soufflé optimal gebacken. Also bleiben Sie klassisch, wenn es um Soufflé geht.

# Beerensoufflé

**6 Portionen**

225 g Beeren, z. B. Heidelbeeren, Himbeeren oder Brombeeren
180 g Zucker
2 EL Maisstärke
4 Eiweiß
Butter für die Formen

1. Den Backofen auf 175 °C (Ober-/Unterhitze) vorheizen.
2. Die Beeren und 90 g Zucker aufkochen, bis die Beeren weich sind. Mit einem Stabmixer pürieren. Durch ein feinmaschiges Sieb passieren. Zurück in den Topf gießen.
3. Die Maisstärke und 1 ½ EL kaltes Wasser verrühren. Unter das Beerenpüree heben. Schnell zu einer dicken Creme aufkochen. Auf Zimmertemperatur abkühlen lassen.
4. Das Eiweiß zu einem weißen Schaum schlagen. 45 g Zucker einrühren und zu einer festen Baisermasse schlagen.
5. 85 g Baisermasse mit der Beerencreme vermengen, um die Verarbeitung etwas einfacher zu machen. Die Beerencreme mithilfe eines Teigschabers unter die restliche Baisermasse heben.
6. Die Masse in einen Spritzbeutel mit runder Tülle füllen.
7. 6 Soufflé-Formen mit Butter fetten und mit dem übrigen Zucker ausstreuen.
8. Die Masse in die Formen füllen und im unteren Teil des Ofens 8–10 Minuten backen.

# Apfel-Nuss-Soufflé

**6 Portionen**

80 g Haselnusskerne
200 g säuerliche Äpfel, geschält und gewürfelt
135 g Zucker
1 ½ EL Maisstärke
Butter für die Formen
135 g Rohzucker zum Ausstreuen
4 Eiweiß

1 Den Backofen auf 200 °C (Ober-/Unterhitze) vorheizen. Die Haselnüsse auf einem Backblech etwa 10 Minuten rösten, bis die Schale leicht schwarz wird und die Nüsse zu duften beginnen. Auf ein sauberes Küchentuch geben und die Schale abreiben.
2 Die heißen Nüsse in der Küchenmaschine zu einer glatten Masse mixen.
3 Die Äpfel, 90 g Zucker und 100 ml Wasser zu einem festen Kompott kochen, bis fast die gesamte Flüssigkeit verkocht ist. Die Äpfel sollten ganz weich sein. Dann zu einer glatten Masse pürieren.
4 Die Maisstärke mit 2 EL Wasser vermischten und zum Apfelpüree geben. Unter ständigem Rühren zu einer festen Creme kochen.
5 Die Haselnussmasse in den Topf geben und unterrühren.
6 Die Masse vollständig abkühlen lassen.
7 Den Backofen auf 175 °C (Ober-/Unterhitze) vorheizen.
8 6 Soufflé-Formen mit Butter fetten und mit dem Rohzucker ausstreuen.
9 Das Eiweiß schaumig schlagen. Mit dem übrigen Zucker (45 g) zu einer festen Baisermasse verrühren.
10 Die Nusscreme mithilfe eines Teigschabers mit der Hälfte der Baisermasse vermengen.
11 Die Masse in einen Spritzbeutel mit runder Tülle füllen.
12 Die Masse in die Formen spritzen und mit einem Spatel über den Teig streichen, sodass er mit der Form ausgerichtet ist. Vorsichtig mit der Fingerspitze um den Rand fahren, sodass sich der Teig von der Form löst und sich im Ofen von der Kante heben kann.
13 Im unteren Teil des Ofens 8–10 Minuten backen.

# Schokoladensoufflé mit Meersalz

**6 Portionen**

25 g Butter + 45 g Zucker für die Formen
200 g flüssige Sahne
180 g dunkle Schokolade 70 %, fein gehackt
4 Eier
1 ½ EL Maisstärke
90 g Zucker
½ TL Salzflocken

1. Den Backofen auf 175 °C (Ober-/Unterhitze) vorheizen.
2. 6 Soufflé-Formen mit der Butter fetten und die Innenseiten der Formen gut mit dem Zucker bedecken.
3. Die Sahne in einem Topf erwärmen. Vom Herd nehmen und die Schokolade unterrühren, bis sie schmilzt und eine glatte Creme entsteht.
4. Eigelb und Eiweiß trennen. Das Eigelb in die Schokocreme rühren.
5. Die Maisstärke einsieben und alles mit einem Spatel glatt rühren.
6. Das Eiweiß schaumig schlagen und den Zucker langsam hineinrieseln lassen. Alles zu einer dicken Baisermasse verquirlen.
7. ⅓ der Baisermasse mit der Schokoladenmasse vermischen und alles zusammen zu einer luftigen Creme verrühren. Salzflocken unterrühren.
8. Die Creme in die Formen spritzen. Mit einem Spatel über die Oberfläche streichen, damit sie abgeflacht ist. Mit dem Daumen an der Innenseite der Soufflé-Formen entlangfahren, damit das Soufflé sich leichter im Ofen heben kann.
9. Im unteren Teil des Ofens 10–12 Minuten backen, die Ofentür nicht öffnen! Sofort servieren.

# Pistazien-Baisers

**Etwa 60 Stück**

1 Portion Schweizer Baiser, siehe Seite 35
50 g geschälte Pistazienkerne

1. Den Backofen auf 110 °C (Umluft) vorheizen.
2. Die Baisermasse nach Rezept zubereiten.
3. 25 g der Pistazien fein mahlen oder zu einem Mehl verarbeiten.
4. Diese unter die Baisermasse heben. Die übrigen 25 g Pistazien hacken und zum Bestreuen beiseitelegen.
5. Die Masse in einen Spritzbeutel mit runder Tülle füllen.
6. Kleine Kreise (etwa 3 cm Durchmesser) auf zwei mit Backpapier ausgelegte Backbleche spritzen.
7. Mit den gehackten Pistazien bestreuen und in der Mitte des Ofens 50–60 Minuten backen, bis sich die Baisers vom Blech nehmen lassen. Wenn sie sich nicht lösen, müssen sie noch eine Weile im Ofen bleiben. Abkühlen lassen.

**Tipp!**
Mandelbaisers oder Haselnussbaisers sind ebenfalls sehr lecker. Verwenden Sie das gleiche Rezept, aber ersetzen Sie die Nüsse. Bei den Mandelbaisers kann eine gemahlene Bittermandel in der Masse köstlich sein.

# Schokoladen-Baisers

**Etwa 60 Stück**

1 Portion Schweizer Baiser, siehe Seite 35
80 g dunkle Schokolade, 70 %

1. Den Backofen auf 110 °C (Umluft) vorheizen.
2. Die Baisermasse nach Rezept zubereiten.
3. Die Schokolade hacken und über einem Wasserbad schmelzen. Abkühlen lassen.
4. Die Schokolade vorsichtig unter die Masse heben, sodass sich die Schokolade nicht vollständig vermischt, sondern noch große Wirbel in der Masse bildet.
5. Mit einem Löffel kleine Kreise (etwa 3 cm Durchmesser) auf zwei mit Backpapier ausgelegte Backbleche klecksen.
6. In der Mitte des Ofens 50–60 Minuten backen, bis sich die Baisers vom Blech nehmen lassen. Wenn sie sich nicht lösen, müssen sie noch eine Weile im Ofen bleiben. Abkühlen lassen.

# Beeren-Baisers

**Etwa 60 Stück**

1 Portion Schweizer Baiser, siehe Seite 35
4 EL Pulver aus gefriergetrockneten Beeren, z. B. Himbeeren, Brombeeren, Heidelbeeren oder Erdbeeren

1 Den Backofen auf 110 °C (Umluft) vorheizen.
2 Die Baisermasse nach Rezept zubereiten.
3 Das Beerenpulver und 3 EL Wasser verrühren.
4 Tüllen auf zwei Spritzbeutel setzen. Die Beerenmasse mit einem kleinen Löffel oder Pinsel streifenförmig an die Seiten der Spritzbeutel streichen.
5 Dann die Beutel mit Baisermasse füllen.
6 Kleine Kreise (etwa 3 cm Durchmesser) auf zwei mit Backpapier ausgelegte Backbleche spritzen. In der Mitte des Ofens 50–60 Minuten backen, bis sich die Baisers vom Blech nehmen lassen. Wenn sie sich nicht lösen, müssen sie noch eine Weile im Ofen bleiben. Abkühlen lassen.

**Tipp!**
Beerenpulver wird aus gefriergetrockneten Beeren hergestellt und ist in gut sortierten Lebensmittelgeschäften zu finden. Wenn Sie kein Pulver finden, können Sie ganze gefriergetrocknete Beeren selbst zu einem Pulver mixen. Man kann auch eine Variante dieses Rezepts machen. Dazu die neutrale Baisermasse ausspritzen und Beerenpulver darüberstreuen. Wie oben beschrieben backen.

---

**Andere leckere Baiser-Varianten**
Fenchelsamen/Anis und fein geriebene Zitronenschale · Bittermandel · Getrocknete zerrebelte Rosenblätter · Zimt und fein geriebene Orangenschale · Lakritzpulver · Pfefferminzöl · Absinth oder Amarettolikör

---

# Sabayon

**4 Portionen**

45 g Zucker
3 Eigelb
100 ml Marsalawein

1 Den Zucker, die Eier und den Wein in einer großen Edelstahlschüssel mit rundem Boden verquirlen.
2 Die Schüssel über ein köchelndes Wasserbad stellen und mit einem Ballonschneebesen 10 Minuten schnell zu einer luftigen Creme schlagen.
3 Die Schüssel vom Herd nehmen und noch etwa 1 Minute schlagen.
4 Die Creme mit frischen Beeren servieren. Die Creme kann auch gratiniert werden. Dafür Beeren in eine gefettete Form geben und mit der Sabayon übergießen, etwa 5 Minuten mit der Grillfunktion des Backofens gratinieren.

# Himbeer-Marshmallows

Hier muss man darauf vorbereitet sein, dass die Masse eine gummiartige Konsistenz hat und etwas schwer zu handhaben sein kann. Manchmal verteile ich ein wenig Öl auf den Händen, ehe ich die Masse in die Form drücke. Es kann Verschiedenstes zum Aromatisieren verwendet werden – Zitrone, Pfefferminzöl, verschiedene Beerenpulver, Sesam, geröstete Nüsse, Lakritzpulver, geröstete Kokosraspeln, Kakao, Kräuter.

**Etwa 36 Stück**

18 Gelatineblätter
450 g Zucker
3 EL Glukosesirup
2 Eiweiß
3 EL gefriergetrocknetes Himbeerpulver
Mark von ½ Vanilleschote
30 g Puderzucker
30 g Maisstärke

1. Die Gelatineblätter etwa 10 Minuten in kaltes Wasser legen.
2. Den Zucker, 200 ml Wasser und den Glukosesirup in einem Topf aufkochen. Die Temperatur muss 140 °C erreichen – das kann eine Weile dauern. Ab und zu mit einem Thermometer prüfen.
3. Das Eiweiß in einer Schüssel steif schlagen, am besten in einer Küchenmaschine. 2 EL Beerenpulver und das Mark der Vanilleschote einrühren.
4. Den heißen Sirup unterrühren und weiter schlagen, bis die Temperatur auf etwa 40 °C gesunken ist.
5. Die Gelatineblätter ausdrücken und in einem Topf vorsichtig schmelzen. Während des Aufschlagens die geschmolzene Gelatine in die Baisermasse geben. Schlagen, bis die Masse fest und etwas zäh wird, etwa 3 Minuten. Nicht zu lange schlagen, da die Masse dann schwer zu formen ist.
6. Den Puderzucker und die Maisstärke mischen. Eine quadratische Form (30 × 30 cm) mit der Hälfte der Mischung bestäuben.
7. Mit der Masse füllen und mit einem Spatel oder einem Messer glatt streichen. Die Oberfläche mit dem Rest der Puderzuckermischung leicht bestäuben. Mit 1 EL Beerenpulver bestreuen, sodass es an der Masse haftet.
8. Etwa 12 Stunden bei Zimmertemperatur fest werden lassen.
9. Dann grob würfeln. Wenn nötig, in etwas zusätzlichem Puderzucker und Maisstärke wälzen.

# Kandiertes Eigelb mit Mandel-Baiser

Das erste Mal, dass ich kandiertes Eigelb gegessen habe, war im Le Chateaubriand in Paris. Es war zwei Uhr nachts nach einer mehrstündigen Verkostung. Hohe Lautstärke, viele Gläser Wein, leichte Schläfrigkeit und ein französischer Kellner, der kein Englisch konnte. Ich dachte, ich hätte eine eingelegte Aprikose auf dem Teller und war auf etwas fruchtig Süßes vorbereitet. Es war ein Schock, als ich süßes Eigelb in meinem Mund spürte – einfach nicht die beste erste Erfahrung. Aber seitdem habe ich auch woanders kandiertes Eigelb gegessen, in Sirup und in Honig eingelegt. Manchmal mit Kräutern wie Rosmarin oder Lavendel in der Lake, und wenn man die Oberseite wie eine Crème brûlée mit etwas Zucker abflämmt, ist das der Höhepunkt des Desserterlebnisses. Ich habe meine eigene Interpretation des mittlerweile weltberühmten Desserts aus Paris gemacht. Ein kleines Mandelbaiser, in Lavendellake eingelegtes Eigelb, Eis auf Joghurt und Kondensmilch mit Pistazien. Lecker.

**4 Portionen**

**Kandiertes Eigelb**
1 EL getrockneter Lavendel
270 g Zucker
4 Eigelb

**Mandelbaiser**
½ Portion Schweizer Baiser, siehe Seite 35
50 g Mandelmehl
1 Bittermandel, gemahlen

**Eis**
90 g Kondensmilch
45 g Glukosesirup
100 g Frischkäse
90 g türkischer Joghurt

**Zum Servieren**
Puderzucker zum Bestreuen
4 EL fein gehackte Pistazienkerne

**Eigelb**

1 Den Lavendel in ein Teesieb geben und zusammen mit 200 ml Wasser und 180 g Zucker in einem Topf kochen. Auf Zimmertemperatur abkühlen lassen.
2 Den Sirup in ein kleines Glas gießen und das Eigelb vorsichtig in die Flüssigkeit legen.
3 Mit 90 g Zucker bestreuen. Einen Deckel aufsetzen und 3 Tage im Kühlschrank ruhen lassen.

**Baiser**

4 Den Backofen auf 110 °C erhitzen.
5 Die Baisermasse nach Rezept zubereiten. Das Mandelmehl und die Bittermandel einrühren.
6 Die Masse in einen Spritzbeutel mit runder Tülle füllen und 10 Kreise auf ein mit Backpapier oder einer Backmatte ausgelegtes Backblech spritzen. In der Mitte des Ofens etwa 1 Stunde backen, bis sich die Baisers leicht von dem Blech lösen lassen. Abkühlen lassen.

**Eis**

7 Alle Zutaten zu einer glatten Masse verrühren. In eine Eismaschine geben und zu einer cremigen Konsistenz rühren. (Idealerweise das Eis 30–60 Minuten vor dem Servieren zubereiten, damit es nicht in den Gefrierschrank muss und die cremige Konsistenz verliert.)
8 Das Eigelb aus dem Zuckersirup nehmen. Auf ein Backblech oder einen Teller legen. Mit etwas Puderzucker bestreuen und die Oberseite des Eigelbs mit einem Flambierbrenner abflämmen.
9 Das karamellisierte Eigelb auf einen Mandelbaiser legen. Mit Eis und Pistazien servieren.

Ein Schnee-Ei, das in Vanillesauce mit Karamell schwimmt, klingt extrem süß, und wenn man diesen Klassiker in Frankreich serviert bekommen, ist es genau das. Meine Variante basiert auf einer klassischen Crème anglaise, aber am Ende gebe ich recht viel Zitronensaft hinein, der der sonst üblichen Süße der Vanillesauce eine frische Note verleiht. In kleinen Portionen serviert, ist das Dessert richtig lecker.

*Île flottante*

# Crème anglaise

**Etwa 500 ml Sauce**

250 ml Vollmilch
250 g flüssige Sahne
Mark von ½ Vanilleschote
6 Eigelb
70 g Zucker

1 In einem Topf die Milch, die Sahne und das Mark der Vanilleschote vermischen. Aufkochen.
2 Das Eigelb und den Zucker in einer Schüssel verrühren. Die heiße Milchmischung unterrühren.
3 Zurück in den Topf geben und zu einer Sauce köcheln lassen. Die Sauce sollte dicker werden, aber immer noch flüssig sein, nicht wie eine Creme. Die Temperatur der Sauce sollte 85 °C betragen. Nicht mehr – dann wird es Rührei! Wenn Sie kein Thermometer haben, können Sie den sogenannten Rosentest durchführen. Dazu wird die Sauce mit einem Holzlöffel gerührt, und wenn sie etwas dicker wird, blasen Sie auf die Rückseite des Löffels – wenn sich das Muster einer Rose bildet, ist die Sauce fertig, und der Topf kann vom Herd genommen werden.
4 Die Sauce in eine Schüssel geben und leicht abkühlen lassen. Mit Frischhaltefolie abdecken, sodass sie die Sauce berührt, damit sich keine Haut auf der Oberfläche bildet.
5 Abkühlen lassen und dann bis zum Servieren kalt stellen.

# Île flottante

**2–6 Portionen**

1 Portion Crème anglaise, siehe oben
4 EL Zitronensaft
45 g Zucker
½ Prise Salz
½ Portion kalt geschlagenes Baiser, siehe Seite 33

1 Die Crème anglaise nach Rezept zubereiten und kalt stellen. Kurz vor dem Anrichten mit dem Zitronensaft vermischen.
2 Den Zucker mit 1 ½ EL Wasser und dem Salz in einem Topf erhitzen und ohne Umrühren schmelzen. Den Zucker goldbraun werden lassen. Auf ein mit Backpapier ausgelegtes Backblech gießen. Abkühlen lassen und fest werden lassen.
3 Zu Splittern zerhacken.
4 Die Baisermasse nach Rezept zubereiten. Dann Wasser in einem Topf aufkochen und die Temperatur senken, bis es nur noch leicht köchelt. Die Baisermasse in kleinen Portionen in das Wasser geben und etwa 5 Minuten zu Schnee-Eiern ziehen lassen.
5 Die gekühlte Crème anglaise auf Tellern anrichten und mit je einem Schnee-Ei und Karamellsplittern bestreut servieren.

# Crème brûlée

Das Abflämmen der Crème brûlée im Ofen mithilfe der Grillfunktion ist keine gute Idee, da die Crème selbst dabei auch heiß wird. Das Ergebnis sollte recht feste gekühlte Crème brûlée mit einem karamellisierten Zuckerdeckel sein – das bekommt man nur hin, wenn man einen Flambierbrenner verwendet.

**4–6 Portionen**

300 g flüssige Sahne
200 ml Vollmilch
Mark von 1 Vanilleschote
⅓ Prise Salz
6 Eigelb
90 g Puderzucker
90 g Rohzucker

1 Den Backofen auf 125 °C (Ober-/Unterhitze) vorheizen.
2 Die Sahne und die Milch in einen Topf geben. Die Vanilleschote, das herausgekratzte Mark und das Salz dazugeben. Aufkochen.
3 Das Eigelb und den Puderzucker in einer Schüssel verrühren. Die warme Milchmischung unter die Eier schlagen.
4 Die Masse in 4 Soufflé-Förmchen füllen.
5 Die Förmchen in eine Auflaufform mit hohen Kanten stellen. Die Form mit heißem Wasser füllen, sodass die Förmchen fast vom Wasser bedeckt sind.
6 In der Mitte des Ofens 1 Stunde backen. Die Masse sollte stocken und cremig werden. Beim Bewegen der Förmchen sollte die Masse noch wackeln und sich ein wenig fest anfühlen. Abkühlen lassen und dann bis zum Servieren im Kühlschrank aufbewahren.
7 Den Rohzucker in einer Küchenmaschine oder mit einem Mörser zu Pulver verarbeiten.
8 Etwas Rohzucker über die gebackene Crème brûlée streuen. Den Zucker mit einem Flambierbrenner abflämmen. Fest werden lassen und wiederholen. Die Crème brûlée ist am leckersten, wenn sie doppelt abgeflämmt ist und eine dickere Zuckerschicht erhält, die wie ein harter und knuspriger Deckel auf der glatten Vanillecreme liegt.

**Gedämpfte Crème brûlée?**
Genau wie Chawanmuchin (siehe Seite 157) können Sie Crème brûlée dämpfen. Der Klassiker ist die Zubereitung im Ofen, aber das Dämpfen ist zum einen schneller und ergibt auch eher eine perfekte Creme.

# Pot du Crème au Caramel

Wie eine Crème brûlée mit Karamellgeschmack – also irgendwie das Leckerste, was man zum Nachtisch essen kann. Pot du Crème kann in verschiedenen Varianten hergestellt werden, Vanille und Schokolade sind in Frankreich üblich. Grundlage ist ein Pudding oder eine Vanillecreme auf der Basis von Eigelb, die in einem Wasserbad im Ofen gebacken wird.

**6 Portionen**

135 g Zucker
200 g flüssige Sahne
200 ml Vollmilch
Mark von ½ Vanilleschote
5 Eigelb
200 g Schlagsahne (zum Servieren)
Kakaopulver

1. 90 g Zucker mit 1 EL Wasser in einem Topf schmelzen.
2. Ohne zu rühren, karamellisieren lassen, bis er goldbraun ist.
3. Vom Herd nehmen, die Sahne und die Milch hinzufügen. Bei niedriger Temperatur alles zu einer Karamellsauce schmelzen lassen.
4. Vom Herd nehmen und abkühlen lassen.
5. Den Backofen auf 150 °C (Ober-/Unterhitze) vorheizen.
6. Das Mark der Vanilleschote, das Eigelb und den restlichen Zucker vermischen und in die Karamellsauce rühren.
7. In kleine Gläser füllen und mit Alufolie abdecken. Die Gläser in eine Auflaufform mit hohen Kanten stellen. Die Form mit heißem Wasser füllen, sodass die Gläser fast vom Wasser bedeckt sind.
8. In der Mitte des Ofens 35–40 Minuten backen. Abkühlen lassen und dann bis zum Servieren im Kühlschrank aufbewahren.
9. Mit Schlagsahne und Kakaopulver bestreut servieren.

# Crème Caramel

Crème Caramel wird im Gegensatz zu Crème brûlée mit Milch anstelle von Sahne zubereitet. Mir schmeckt sie am besten eiskalt direkt aus dem Kühlschrank, wenn sie gestürzt wird und die Karamellsauce am Pudding herabläuft. Nehmen Sie die Crème Caramel aus dem Ofen, wenn sie in der Mitte noch wackelt, denn wenn sie zu lange backt, schmeckt sie zu sehr nach gebackenem Ei.

**4–6 Portionen**

500 ml Vollmilch
75 g + 135 g Zucker
⅓ Prise Salz
Mark von 1 Vanilleschote
Schale von ½ unbehandelten Zitrone, (mit einem Messer in Streifen abgeschält)
3 Eier

1 Den Backofen auf 125 °C (Ober-/Unterhitze) vorheizen.
2 Die Milch mit 75 g Zucker, dem Salz, der Vanilleschote, dem herausgekratzten Mark in einem Topf zum Kochen bringen. Vom Herd nehmen und leicht abkühlen lassen. Die Vanilleschote entfernen.
3 135 g Zucker und 2 EL Wasser, ohne zu rühren, in einem Topf schmelzen lassen. Wenn der Zucker beginnt, goldbraun zu werden, leicht am Topf rütteln, um ein gleichmäßiges goldbraunes Karamell zu bekommen.
4 Die Zitronenschale zum Zucker geben. Umrühren und dann 100 ml Wasser zufügen. Vorsicht, das kann spritzen! Umrühren und alles zu einer dicken Karamellsauce kochen. Die Temperatur sollte auf 121 °C steigen. Wenn Sie kein Thermometer haben, können Sie etwas Karamellsauce auf einen Löffel nehmen und testen, ob sie am Löffel fest wird.
5 Die heiße Karamellsauce in ofenfeste Soufflé-Förmchen füllen. Die Zitronenschale entfernen. Die Sauce in den Förmchen abkühlen lassen.
6 Die Eier schlagen und in die Milch geben. Die Masse in die Förmchen füllen.
7 Mit Alufolie abdecken und in eine Auflaufform mit hohen Kanten stellen. Die Form mit heißem Wasser füllen, sodass die Förmchen fast vom Wasser bedeckt sind.
8 In der Mitte des Ofens 1–1 ½ Stunden backen. Die Backzeit ist abhängig von der Anzahl der Portionen. Abkühlen lassen und dann bis zum Servieren im Kühlschrank aufbewahren.
9 Rundherum mit einem kleinen Messer lösen und auf Teller stürzen, sodass die Karamellsauce über den Pudding läuft.

# Purin

Japans Antwort auf die Crème Caramel. Ein süßer Eierpudding, der gedämpft wird und dadurch eine glatte Konsistenz erhält. Purin kommt vom Wort Pudding und ist ein Hinweis auf die westlichen Einflüsse in der japanischen Küche.

**4 Portionen**

90 g Zucker
400 ml Vollmilch mit hohem Fettgehalt
3 Eier
75 g Zucker
1 Prise Bourbonvanille

1. Den Zucker und 50 ml Wasser, ohne zu rühren, in einem Topf schmelzen lassen, bis die Sauce goldbraun ist.
2. Die Karamellsauce in 4 hitzebeständige Förmchen gießen.
3. Die Milch in einem Topf erhitzen. Die Eier, den Zucker und die Bourbonvanille in einer Schüssel verquirlen. Die warme Milch unterrühren.
4. Die Masse durch ein feinmaschiges Sieb abseihen.
5. Dann über die Karamellsauce gießen und die Förmchen mit Alufolie abdecken.
6. In eine Pfanne mit hohem Rand stellen. Mit warmem Wasser füllen, sodass die Förmchen zu ¾ bedeckt sind.
7. Zum Kochen bringen. Die Temperatur senken und 5 Minuten köcheln lassen.
8. Vom Herd nehmen und fest werden lassen, etwa 10 Minuten.
9. Die Formen abkühlen lassen und mindestens 3 Stunden, am besten über Nacht, in den Kühlschrank stellen.
10. Den Pudding in den Formen kalt servieren. Man kann ihn auch auf Teller stürzen, sodass die Karamellsauce über den Pudding fließt.

# Ei-Cocktails

Eier in Cocktails sind ein Klassiker. Sie verleihen dem Getränk eine weiche, fluffige und cremige Konsistenz. Entweder werden ganze Eier verwendet, wie in einem Toddy, Flip, Likör oder Eggnog, oder nur das Eiweiß, wie in einem Fizz oder Sour.

Das Schütteln eines Cocktails mit Eiweiß kann etwas schwierig sein, da man oft Zitrusfrüchte verwendet, die die Flüssigkeit vom Ei trennen können. Die Säure bewirkt, dass das Ei gerinnt, und daher ist es wichtig, das Getränk gründlich zu schütteln, um einen gleichmäßigen Schaum zu erhalten. Es gilt, die verschiedenen Zutaten zu einer geschmeidigen Masse zu verbinden.

Beim Schütteln eines Eiweißcocktails sollte dieser immer trocken geschüttelt werden. Das bedeutet, dass man ihn zuerst ohne Eis in einem Shaker schüttelt, um einen schönen weichen Schaum zu erhalten, damit die Eiweißproteine etwas mehr Platz bekommen, um sich auszubreiten. Durch das Eis würden sie zusammengedrückt.

Wenn Sie eine Weile trocken geschüttelt haben, fügen Sie das Eis hinzu, um die Flüssigkeit kalt zu bekommen. Wenn das Eis im Shaker ist, ist es wichtig, nicht zu lange zu schütteln, damit das Eis nicht schmilzt. Durch das Wasser würde das weiche Eiweiß an Volumen verlieren.

# Läuterzucker

**Etwa 300 ml**

270 g Zucker

1. Den Zucker und 300 ml Wasser in einem Topf aufkochen. Etwa 15 Minuten bei mittlerer Temperatur unter ständigem Umrühren köcheln lassen, damit sich der Zucker auflösen kann.
2. In eine sterile Flasche füllen, abkühlen lassen und bei Zimmertemperatur lagern. Hält sich ewig.

# Pisco Sour

**1 Cocktail**

4 cl frisch gepresster Limettensaft
3 cl Läuterzucker, siehe Seite 213
6 cl Pisco
2 Spritzer Orangen- oder Angostura Bitter
1 Eiweiß
Eiswürfel

1. In einem Shaker den Limettensaft, den Läuterzucker, den Pisco, den Bitter und das Eiweiß vermischen.
2. ½–1 Minute schütteln, sodass sich im Shaker eine Schaumkrone bildet.
3. Öffnen und mit Eiswürfeln füllen. Erneut schütteln, bis die Flüssigkeit kalt wird. Nicht zu lange schütteln, sonst setzt das Eis zu viel Wasser frei, und das Getränk wird flockig.
4. In ein Glas abseihen.

# Ramos Gin Fizz

**1 Cocktail**

6 cl Gin
3 cl frisch gepresster Zitronensaft
3 cl Läuterzucker, siehe Seite 213
6 cl flüssige Sahne
1 Eiweiß
2 Spritzer Orangenblütenwasser
Eiswürfel
100 ml spritziges Mineralwasser

1. In einem Shaker den Gin, den Zitronensaft, den Läuterzucker, die Sahne, das Eiweiß und das Orangenblütenwasser vermischen.
2. Etwa 30 Sekunden schütteln, sodass sich eine Schaumkrone bildet.
3. Den Shaker mit Eiswürfeln füllen und gründlich schütteln, bis die Flüssigkeit eiskalt ist. Hier ist ein wenig zusätzliches Schütteln nötig, damit sich die Flüssigkeit mit der säuerlichen Zitrone, der Sahne und dem Eiweiß verbindet – das Ergebnis soll wie flüssiges Baiser sein.
4. In ein hohes Glas abseihen und mit dem Mineralwasser aufgießen.

# Salty Mezcal Cucumber Sour

**1 Cocktail**

1 Zitronenspalte
1 EL Salz
5 Gurkenscheiben
2 cl Pisco
2 cl Mezcal
2 cl frisch gepresster Zitronensaft
2 cl Läuterzucker, siehe Seite 213
1 Eiweiß
Eiswürfel
einige Spritzer Angostura Bitter

1. Eine Zitronenspalte um den Rand eines Cocktailglases ziehen. Das Salz auf einen Teller schütten und den Glasrand in das Salz drücken. Die Gurke am Boden eines Shakers zerstampfen. Den Pisco, den Mezcal, den Zitronensaft, den Läuterzucker und das Eiweiß hinzufügen.
2. Etwa 30 Sekunden schütteln, sodass sich im Shaker eine Schaumkrone bildet.
3. Den Shaker öffnen und mit Eiswürfeln füllen. Schütteln, bis die Flüssigkeit kalt ist.
4. In ein Glas abseihen und einige Spritzer Angostura Bitter hinzugeben.

# Clover Club

**1 Cocktail**

3 cl Himbeersirup
3 cl frisch gepresster Zitronensaft
6 cl Gin
1 Eiweiß
Eiswürfel

**Himbeersirup**
90 g Zucker
35 g frische oder gefrorene Himbeeren

1 Den Zucker, 50 ml Wasser und die Himbeeren in einem Topf aufkochen. Etwa 15 Minuten bei mittlerer Temperatur unter ständigem Umrühren köcheln lassen, damit sich der Zucker auflösen kann. Abkühlen lassen und durch ein feinmaschiges Sieb abseihen.
2 In einem Shaker den Himbeersirup, den Zitronensaft, den Gin und das Eiweiß mischen. ½–1 Minute schütteln, um einen Schaum zu erzeugen.
3 Den Shaker öffnen und mit Eiswürfeln füllen. Schütteln, bis die Flüssigkeit kalt wird. In ein Glas füllen und mit etwas Sirup aufgießen.

*Eggnog*

# Eggnog

**1 Cocktail**

1 Ei
1 EL + ½ EL Zucker
2 EL Vollmilch
2 EL flüssige Sahne
5 cl dunkler Rum oder Weinbrand
1 Prise geriebene Muskatnuss

**1** Das Eiweiß und das Eigelb in verschiedenen Schüsseln trennen.
**2** Das Eigelb mit 1 EL Zucker zu einem weißen Schaum verquirlen. Die Milch, die Sahne, den Rum und die Muskatnuss dazugeben.
**3** Das Eiweiß zu einem lockeren Schaum schlagen. Mit ½ EL Zucker zu einer festen Baisermasse verquirlen.
**4** Die Baisermasse unter die Eiermasse heben. In ein Glas gießen.

**Tipp!**
Probieren Sie andere Geschmacksrichtungen für Ihren Eggnog. Ersetzen Sie den Weinbrand durch Cointreau oder Disaronno-Likör. Kakao plus Disaronno wird wie ein flüssiges Tiramisu – sehr lecker!

# Eierlikör

**Etwa 500 ml**

200 g flüssige Sahne
½ Vanilleschote
Schale von ½ unbehandelten Orange (mit einem Messer in Streifen abgeschält)
5 Eigelb
90 g Puderzucker
100 ml Kondensmilch
100 ml Wodka
50 ml Weinbrand oder Rum

**1** Die Sahne, die Vanilleschote (nicht ausgekratzt!) und die Orangenschale in einem Topf erhitzen.
**2** Abkühlen lassen und abseihen.
**3** Das Eigelb und den Puderzucker zu einer fluffigen Masse schlagen. Die abgekühlte Sahne, die Kondensmilch und den Alkohol unterrühren.
**4** In eine sterile Glasflasche füllen und im Kühlschrank aufbewahren. Der Likör hält sich 1 Woche.

# Rezeptregister

# Dank

An meine Verlegerin Maria Nilsson – für ihre immer zielsicheren Ideen.
An meine Redakteurin Elisabeth Fock – für das Tüfteln am Text.
An Charlie – weil du jedes Gericht auf dem Bild in ein Kunstwerk verwandelst.
An Scott – für das neue Layout für dieses geliebte Buch.

# Impressum

Produktmanagement: Britta Bettendorf
Übersetzung aus dem Schwedischen:
Vera Bahlk
Produktmanagement & Satz: Silke Schüler
Redaktion: Helga Peterz, Silke Schüler
Korrektorat: Asta Machat
Umschlaggestaltung: Regina Degenkolbe
Repro: LUDWIG:media
Herstellung: Julia Hegele

Texte & Rezepte: Tove Nilsson
Fotografie: Charlie Drevstam
Layout: Scott McNally

Unser komplettes Programm finden Sie unter:
www.christian-verlag.de

Alle Angaben dieses Werkes wurden von der Autorin sorgfältig recherchiert und auf den neuesten Stand gebracht sowie vom Verlag geprüft. Für die Richtigkeit der Angaben kann jedoch keine Haftung übernommen werden, weshalb die Nutzung auf eigene Gefahr erfolgt. Sollte dieses Werk Links auf Webseiten Dritter enthalten, so machen wir uns die Inhalte nicht zu eigen und übernehmen für die Inhalte keine Haftung.

In diesem Buch wird aus Gründen der besseren Lesbarkeit das generische Maskulinum verwendet. Weibliche und anderweitige Geschlechteridentitäten werden dabei ausdrücklich mitgemeint, soweit es für die Aussage erforderlich ist.

Die Deutsche Nationalbibliothek verzeichnet diese Publikation in der Deutschen Nationalbibliografie; detaillierte bibliografische Daten sind im Internet über http://dnb.d-nb.de abrufbar.

★★★★★

**Sind Sie mit diesem Titel zufrieden? Dann würden wir uns über Ihre Weiterempfehlung freuen.** Erzählen Sie es im Freundeskreis, berichten Sie Ihrem Buchhändler oder bewerten Sie bei Onlinekauf. Und wenn Sie Kritik, Korrekturen, Aktualisierungen haben, freuen wir uns über Ihre Nachricht an:
Christian Verlag,
Postfach 40 02 09, D-80702 München
oder per E-Mail an lektorat@verlagshaus.de

Titel der schwedischen Originalausgabe:
Ägg. Recept & teknik

Die deutschsprachige Übersetzung wird von der Christian Verlag GmbH aufgrund Lizenzvereinbarung mit dem schwedischen Verlag Natur & Kultur veröffentlicht.



ISBN: 978-3-95961-779-6